O MILAGRE DA MEDITAÇÃO

Conquiste Paz, Alegria e Poder Interior

RYUHO OKAWA

O MILAGRE DA MEDITAÇÃO

Conquiste Paz, Alegria e Poder Interior

IRH Press do Brasil

Copyright © 2017, 1989 Ryuho Okawa
Título do original em japonês: *Meisou No Gokui*
Título do original em inglês: *The Miracle of Meditation – Opening Your Life to Peace, Joy, and the Power Within*
Tradução para o português: Happy Science do Brasil
Coordenação editorial: Wally Constantino
Revisão: Laura Vecchioli e Agnaldo Alves
Capa: Maurício Geurgas
Imagem de capa: Shutterstock

IRH Press do Brasil Editora Limitada
Rua Domingos de Morais, 1154, 1º andar, sala 101
Vila Mariana, São Paulo – SP – Brasil, CEP 04010-100

Todos os direitos reservados.
Nenhuma parte desta publicação poderá ser reproduzida, copiada, armazenada em sistema digital ou transferida por qualquer meio, eletrônico, mecânico, fotocópia, gravação ou quaisquer outros, sem que haja permissão por escrito emitida pela Happy Science – Ciência da Felicidade do Brasil.

ISBN: 978-85-64658-30-1

SUMÁRIO

Prefácio 9

Capítulo 1
Os Segredos da Meditação

1. **O Que É a Meditação?** 13
   A Essência da Meditação 14
   O Propósito da Meditação 17
   Alcançar o Domínio Interior 19

2. **Meditação para a Paz Interior:**
   Acalmar Nossos Pensamentos 24
   A Natureza dos Pensamentos Desarmônicos 26
   Alinhar Nossos Pensamentos com o Divino 29
   Escolha a Paz Interior em vez da Preocupação ... 32
   Criar Paz Interior Sempre Que Quisermos 35

3. **Meditação para Concentrar-se em um Objetivo** 41
   Meditação Reflexiva 42
   Meditação da Autorrealização 43
   Meditação e Concentração 45
   Conexão Mental e os Mundos 46

4. **Meditação Focada na Leitura:**
   Treinar Sua Mente a Se Concentrar 49

5 **Meditação com Propósito:**
Abrir a Mente para a Inspiração 55

6 **Meditação para Dialogar com o Espírito Guardião:** Conectar Seu Interior ao Divino 59

7 **Descobrir a Postura e o Método de Respiração Ideais** 65
Posição das Mãos – Mudrás 66
Postura das Pernas 69
Métodos de Respiração 70

8 **As Bênçãos da Meditação** 73

9 **Os Segredos da Meditação** 79

Capítulo **2**
Meditações para a Felicidade

1 **Recuperar a Paz Mental em um Relacionamento Conflituoso** 87

2 **Como Acalmar a Mente** 95
Evitar o Contato com os Outros 95
Mudar Nossa Perspectiva para Resolver Nossos Problemas 97

3 **Como Encontrar a Fonte da Confiança** 103
Acumule Pequenos Sucessos 103
Experimentar Nossa Natureza Divina 105

4 **O Propósito da Meditação** 108

5 **Meditação para a Espontaneidade:**
Encontre o Verdadeiro Eu no Fluxo Livre da Natureza .. 112

✶ Meditação para Tornar-se Uno com
a Natureza 119

6 **Meditação para Sentir o Coração
   Satisfeito:** Descobrir Nossas Bênçãos 123
   ✶ Contemplação para Desenvolver um
   Coração Satisfeito 127

7 **Meditação para a Harmonia nos
   Relacionamentos:** Cultivar a Compreensão 133
   ✶ Visualizar a Harmonia do Relacionamento 141

8 **Meditação da Autorrealização:**
   Realizar os Ideais de Deus 145
   ✶ Chaves para a Meditação da Autorrealização 150

9 **Procure Enxergar a Si Mesmo tanto
   pela Perspectiva Individual como pela
   Perspectiva Cósmica** 151

✶

Capítulo **3**

Perguntas e Respostas sobre Meditação

1 Como Meditar Quando Estamos
   Fatigados 157

2 Como Funciona a Visualização 165

3 Como Lidar com Interrupções durante
   a Meditação 171

4 A Quem Devemos Orar? 185

5 Como Evitar Influências Espirituais Negativas 192

6 Meditação para Ajudar Pessoas com Demência 201

7 A Reflexão e Como Esquecer as Coisas do Passado 206

Epílogo 227
Sobre o Autor 229
Sobre a Happy Science 233
Contatos 235
Partido da Realização da Felicidade 240
Universidade Happy Science 241
Filmes da Happy Science 244
Outros Livros de Ryuho Okawa 247

Prefácio

Escrevi este livro para compartilhar com o mundo os segredos que fui acumulando em muitos anos de prática de meditação e de ininterrupta busca das verdades da meditação. Não conheço nenhuma outra filosofia de meditação que tenha desenvolvido seus princípios e práticas da maneira como ocorreu comigo, a partir da transformação espiritual e do milagroso resultado que a meditação promoveu no meu mundo interior, como mestre.

Minha intenção original ao escrever este livro era transmitir os segredos da meditação aos seguidores da Happy Science e orientá-los, mas estou certo de que esses ensinamentos são universais e que despertarão interesse em todas as pessoas. No Capítulo 1 combinei duas obras anteriores: um manual sobre a essência da meditação, que escrevi anteriormente para meus discípulos, e uma palestra que realizei sobre esse tema em agosto de 1988. O Capítulo 2 é composto pela minha palestra final dada em um seminário sobre meditação, parte de um livro que publiquei chamado *Meditações para a Fe-*

licidade; nesse capítulo eu transmito uma visão geral das meditações contidas naquele livro. Por fim, o Capítulo 3 é uma compilação das minhas respostas e orientações fornecidas às perguntas feitas pelos participantes desses eventos.

É com imensa alegria que apresento a você minha filosofia sobre a verdadeira essência e arte da meditação.

Ryuho Okawa

Capítulo 1

Os Segredos da Meditação

1
O Que É a Meditação?

A meditação é uma arte muito profunda e vasta, e hoje se expandiu, tornando-se parte da rotina de muitas pessoas. Sinto-me feliz ao ver que essa prática está sendo cada vez mais valorizada no mundo inteiro. Embora haja uma infinidade de métodos sendo oferecidos, dificilmente alguém conseguirá encontrar algum que explique da maneira correta o que de fato significa a meditação.

Como muita gente nos dias atuais introduziu essa atividade em sua vida, senti-me inspirado a compartilhar o conhecimento e a sabedoria que reuni a partir das minhas experiências sobre as verdades mais profundas da meditação. Neste breve capítulo, apresentarei uma visão geral da filosofia que desenvolvi a respeito da essência e dos segredos relativos à meditação.

Desejo que a simplicidade deste capítulo toque profundamente seu coração. Ele não tem por objetivo transformá-lo em um mestre de meditação logo na primeira tentativa.

De certa forma, a meditação é uma arte vaga e de difícil compreensão para muitos; precisa ser aprofundada por meio da prática diária, não basta apenas compreendê-la na teoria. Espero que as práticas e os princípios oferecidos neste capítulo ajudem você a perceber o significado fundamental da meditação e como deve praticá-la a fim de obter benefícios para sua vida cotidiana.

A Essência da Meditação

A filosofia de meditação que apresento aqui pode parecer uma nova perspectiva para as pessoas dos tempos modernos, mas, na verdade, a sabedoria contida nela é eterna. Esse é o mesmo método praticado há 2.500 anos por Buda Shakyamuni, cuja jornada em busca do despertar interior baseava-se na prática da meditação. Para Shakyamuni, a meditação era um aspecto indispensável de sua vida e de sua disciplina espiritual, e Ele a transmitiu aos seus discípulos por meio de seus ensinamentos. Ao longo das eras, homens e mulheres seguiram esse seu método, que por milhares de anos vem provocando um grande impacto na vida de inúmeras pessoas.

Em que aspecto minha filosofia de meditação pode ser diferente daquelas que você talvez já conheça? Muitos métodos foram oferecidos por diferentes pessoas, mas ainda há uma série de mal-entendidos a respeito do que realmente consiste a meditação.

Para começar a meditar não basta apenas sentar-se e ficar de olhos fechados. Nem é uma técnica para concentrar a mente em uma única coisa. Podemos encontrar muitos estilos de meditação que ensinam uma boa postura e maneiras de levar a pessoa a um maior estado de relaxamento. Mas os métodos que dão muita ênfase à técnica corporal acabam associando a meditação mais à prática da forma do que à prática de sua verdadeira essência.

Há também alguns métodos, como os ensinados pelas escolas zen, que têm por objetivo esvaziar a mente e que muitos dizem tratar-se de um estado de negação completa de Deus ou de Buda. Infelizmente, todo tipo de meditação que tenha essa concepção não poderia estar mais distante da Verdade.

Eu mesmo comprovei que a primeira condição para se meditar do modo correto é acreditar na existência do divino, pois, do contrário, não há como realizar uma meditação verdadeira. Sem isso, a prática da meditação não tem como produzir as mudanças significativas na sabedoria interior que são obtidas com a verdadeira meditação.

Então, qual é a verdadeira essência da meditação? A língua japonesa pode nos fornecer algumas pistas. No Japão, o termo "meditação" é escrito de forma muito eloquente, combinando dois caracteres: um que significa "olhos fechados" e outro, "pensamento". Isso revela um sentido bem claro, pois a meditação é um método que consiste, primeiro, em fechar os olhos e afastar a mente dos aspectos deste mundo tridimensional, e, segundo, em ter pensamentos elevados que iniciem uma conexão do seu interior com o mundo celestial, o mundo real.

Este capítulo, portanto, é sobre a meditação como um método para despertar sua percepção para a existência de seres espirituais divinos e celestiais, ou Deus, o Eterno Buda, o Criador do universo. Pois acreditar em uma existência superior é o segredo para alcançar uma profunda transformação interior por meio da meditação.

O Propósito da Meditação

Por que precisamos da meditação? Para encontrar essa resposta, primeiro precisamos olhar para nossa vida por uma perspectiva espiritual.

O mundo espiritual existe; essa é uma Verdade imutável. No entanto, podemos tê-la esquecido, pois vivemos num mundo material dentro de um corpo físico que compromete nossa sabedoria inerente. Isso nos fez esquecer que o mundo espiritual é o nosso verdadeiro lar — aquele em que todos nós originalmente residíamos, um mundo de harmonia e paz interior.

Ou seja, nós, humanos, somos em essência seres espirituais e celestiais. Porém, quando nascemos neste mundo, vestimos algo equivalente a uma roupa de mergulho, grossa e pesada — o corpo físico. Os trajes de mergulho servem para proteger o indivíduo dos perigos debaixo d'água, como as temperaturas frias, a pressão da água, a escuridão, os tubarões famintos e as turbulentas correntezas do mar profundo. Assim como as profundezas do oceano, este nosso mundo físico também é um ambiente hostil, e as almas não conseguem viver nele sem a proteção do corpo físico — que podemos comparar a um traje de mergulho completo: macacão de neoprene, cilindro de ar, nadadeiras e óculos —, indispensável para a sobrevivência neste planeta.

Ao mesmo tempo, esse equipamento de proteção cria alguns empecilhos — principalmente um entorpecimento dos nossos sentidos originais; nesse caso, aqueles relacionados à natureza do espírito. Nessas circunstâncias, ficamos tão absorvidos com a nossa sobrevivência nas águas profundas que as memórias de nossa natureza espiritual vão se apagando de nossa mente consciente. E aquela liberdade interior perfeita que possuíamos na origem acaba ficando latente em nossa mente.

Mas Deus possui infinita misericórdia. Ele deseja que recuperemos nossa liberdade interior durante o percurso desta vida. Portanto, concedeu à mente humana a capacidade de se conectar com o mundo celestial por meio de um estado mental harmonioso. A meditação é o método que Ele nos forneceu para serenar a mente e alinhar nosso estado interior com as vibrações do mundo celestial.

Alcançar o Domínio Interior

A mente é, na verdade, a própria essência de quem somos. Podemos afirmar com certeza que somos aquilo que pensamos.

No entanto, a maioria das pessoas segue pela vida sem ter uma ideia consciente do que ocorre em sua mente e do que ela é capaz de conseguir. Podemos nos comparar a uma criança que tem uma tevê à sua frente, mas não sabe como ligá-la. E, assim, fica esperando que alguém a ensine que uma tevê serve para assistir a diversos programas e que para assisti-los terá de ligar o aparelho e mudar de canal, até encontrar o programa preferido. Do mesmo modo, precisamos compreender o que a mente faz, aprender a despertá-la e praticar essa mudança de canais em nossa mente.

A mente também se parece com um controle remoto. Se você não sabe para que serve um controle remoto, nem imaginará que ele tem algo a ver com a tevê, por onde surgirão as imagens. É possível que nunca entenda que ele é um dispositivo útil que controla a tevê, e nesse caso você nunca será capaz de usá-lo.

Essa mesma comparação poder se feita para a relação que nós temos com nossa mente.

Quando descobrimos a capacidade de nossa mente de transmitir e exibir as energias do pensamento, podemos começar a usá-la para o seu verdadeiro propósito. A mente possui um mecanismo sofisticado que envia e recebe pensamentos, mais ou menos do modo como uma antena de rádio transmite suas frequências.

O segredo para ligar esse poder da mente é sintonizar-se com a energia que ela emana, e isso se torna possível pela prática da meditação. Continuando com a analogia de um dispositivo eletrônico, a mente emite energias de diversas frequências, que variam de acordo com os tipos de pensamentos que temos ao longo do dia. Algumas pessoas se referem a essas frequências como ondas cerebrais, outras as chamam de ondas vibracionais dos pensamentos e emoções.

Cada pensamento que produzimos tem sua frequência de energia característica. Por exemplo, a aflição é um tipo de pensamento que criamos quando estamos enfrentando muitos problemas, e essa energia é caracterizada pela emissão de frequências tumultuadas. Como as frequências se atraem, essa energia agitada tem o poder de atrair para nós energias ainda mais densas — resultando em problemas maiores.

O que queremos não é isso, e sim que a mente gere o oposto desse tipo de pensamento, isto é, pensamentos de paz interior. As pessoas que conseguem manter a serenidade do coração (ou seja, a paz interior) produzem no seu dia a dia frequências da mente equilibradas, etéreas e preenchidas por serenidade.

Se pararmos um pouco para avaliar os pensamentos que passaram pela nossa mente hoje, veremos que nosso mundo interior de fato produz diferentes frequências. Por isso é que a sintonia fina da mente é tão essencial. Para controlar essas frequências, precisamos fazer um esforço e criar a energia de pensamento que desejamos, como a paz interior.

A técnica de respirar calmamente é um método muito eficaz para criar uma energia de pensamento serena. Ficamos surpresos quando percebemos com que facilidade negligenciamos esse método tão simples.

Por exemplo, essa técnica é especialmente útil em situações em que nossa raiva foi acionada. Ela funciona até mesmo quando a raiva explodiu num surto completo de fúria, não importando o quanto tenhamos perdido o controle ou o quanto esse ressentimento esteja fervendo dentro de nós. Do ponto de vista fisiológico, a raiva pode causar o aumento da pressão sanguínea ou um desequilíbrio hormonal. Mas, ao começar a respirar calmamente, desenvolvemos um grande poder de pacificar nossas emoções, a ponto de fazer com que no final as alterações fisiológicas se regularizem e acabem tendo pouco impacto sobre nós; a mente pode ser tranquilizada rapidamente por meio de um simples método de respiração relaxada.

Talvez você se pergunte: "Como isso é possível? Como é que a minha maneira de respirar pode influenciar no controle da minha mente?". Em primeiro lugar, inspirar e expirar de forma ritmada tem um efeito relaxante sobre os músculos do corpo todo, o que por sua vez começa a acalmar nossos pensamentos turbulentos.

Num estado de raiva, a mente é similar a um copo preenchido com terra e água que está sendo agitado. As partículas de terra ficam circulando e turvando a água. Mas, quando o copo é colocado em cima da mesa, parado, as partículas de terra começam a se sedimentar no fundo, e uma camada de água clara começa a se formar na parte de cima do copo.

O mesmo princípio que atua no corpo também age na mente. Quando a mente gera uma tempestade de pensamentos e emoções, essas vibrações se propagam pelo corpo, deixando-o tenso e agitado — da mesma forma que o copo quando é chacoalhado —, e o nosso mundo interior entra num estado caótico semelhante ao da água turva e agitada. A prática de tranquilizar a respiração é como colocar o copo em cima da mesa — relaxa o corpo, que então conduz a mente a um estado de calma e serenidade.

Desse modo, permitimos que as partículas mentais pesadas aos poucos vão se separando da mente cristalina, e que apenas a camada cristalina fique na superfície da nossa consciência. Essa refinada camada da mente representa o nosso eu mais elevado — nosso verdadeiro eu —, o qual emite frequências de tranquilidade, que podem assim guiar a mente para os maravilhosos e eternos mundos celestiais.

A meditação é, em suma, a prática que tem por objetivo conseguir o domínio de nosso mundo interior para permitir que entremos em conexão com o mundo celestial, o mundo superior. Essa é a essência da meditação.

2
Meditação para a Paz Interior:
Acalmar Nossos Pensamentos

Ao longo dos anos, desenvolvi muitos programas de meditação, a fim de oferecer diferentes métodos que permitissem dominar a mente e fazer a conexão com o divino. Na verdade, foram tantos programas criados que a maioria das pessoas não tem sido capaz de praticar todos. Nas primeiras seções deste capítulo, vou apresentar uma estrutura básica do processo e dar algumas orientações para ajudá-lo a obter os melhores benefícios de sua prática de meditação.

Em termos gerais, existem três tipos de meditação. O primeiro tipo é a chamada "meditação para a paz interior". Constitui uma maneira de sintonizar as vibrações mentais de modo que se possa receber a luz divina e saborear a felicidade da paz interior. Para muitas pessoas, a mente vive às vezes em um estado de dispersão. Uma grande quantidade de pensamentos, relacionados aos problemas da vida, ficam o tempo todo passando pela mente, entrando e saindo, ao longo do dia. Ou seja, a não ser que a pessoa faça um esforço deliberado para acalmar a mente, seu mundo interior continuará desorganizado.

Precisamos treinar nossa mente para poder libertá-la dos pensamentos que provocam desarmonia entre nós e o universo, e alcançar um estado em que apenas a tranquilidade preencha todo o nosso ser. Podemos conseguir isso ao afastar a mente dos pensamentos negativos e enriquecê-la com contemplações sobre o divino, como se você saísse para gozar férias no outro mundo.

A "meditação para esvaziar a mente" é um método para não pensar em nada, que vem sendo praticado por homens e mulheres há várias gerações e faz essencialmente a mesma coisa. Existe uma ideia equivocada, muito comum, de que essa forma de meditação busca manter sua mente vazia. Mas o verdadeiro objetivo é alcançar um estado de relaxamento completo, fazendo com que as preocupações e os sofrimentos parem de surgir na sua mente.

A prática zen é um método bastante popularizado hoje em dia e também tem como objetivo criar um estado de paz interior. Todavia, o método zen possui algumas limitações no seu estilo de meditação: acaba colocando mais importância na forma e na postura. Isso pode ser útil para quem está dando os primeiros passos na meditação, mas apenas seguir esses passos nem sempre conduz a um verdadeiro estado meditativo. Para se alcançar um estado meditativo autêntico é preciso compreender bem a razão pela qual praticamos a meditação: para nos libertar de pensamentos negativos, conseguir a elevação de nossa consciência, obter a união com o divino e vivenciar a felicidade da paz interior.

A Natureza dos Pensamentos Desarmônicos

O que são pensamentos desarmônicos e como podemos livrar nossa mente deles? Para compreender a natureza dos pensamentos desarmônicos, é preciso analisá-los em relação às leis espirituais do universo.

O universo é governado por leis espirituais que têm por objetivo manter o mundo em um estado de harmonia. É um sistema restaurador que faz o universo recuperar o equilíbrio preciso toda vez que ele fica em desordem. Essas leis podem parecer muito distantes de nós, mas de fato atuam diariamente em nossa vida cotidiana, a fim de reequilibrar os pensamentos que estejam desalinhados com a ordem do Criador.

Por sermos humanos, temos a liberdade de pensar, ponderar e agir do jeito que desejarmos. No entanto, ao mesmo tempo cada uma de nossas ações pode contribuir com a harmonia do universo ou perturbá-la, e essa dinâmica invisível assegura que cada ação seja sempre contrabalançada por uma reação compensatória. Ou seja, um pensamento ou ação que cause dano a alguém irá gerar uma reação igualmente poderosa do universo. Isso resulta então em uma mente dispersiva, desarmoniosa, com sentimentos de exasperação, angústia e sofrimento. Esse princípio é uma verdade imutável da vida e ninguém pode escapar dela.

Portanto, toda vez que enfrentamos uma profunda sensação de infelicidade, é importante tentar descobrir o que podemos ter feito no passado que originou esse sentimento. Em algum ponto do passado, podemos ter emitido uma vibração desarmoniosa, e agora ela retorna a nós na forma de uma agitação mental ou espiritual.

Claro, o universo não reage apenas às energias negativas; ele também recompensa pensamentos e ações que contribuam para a harmonia, o crescimento e a evolução do mundo. A recompensa que o universo oferece é exatamente o oposto do que faz com os pensamentos desarmônicos: ele proporciona a felicidade de sentir paz interior. Sentimos em nós uma serenidade e a sensação de estarmos livres de pensamentos ruins, de desarmonia e de emoções que geram ansiedade. A mente fica clara como um céu límpido, iluminado pelo sol, e a paz interior flui através de nosso ser sem esforço, como um riacho límpido correndo pela floresta na primavera. Isso pode parecer uma forma passiva de felicidade, mas é o primeiro estágio essencial de nossa jornada para obter a verdadeira felicidade.

Encontrar a felicidade quando estamos em um estado de tensão nervosa, perturbação e agitação só é possível se treinarmos nossa mente para que aprenda a remover essas aflições. Por isso, a meditação para obter a paz interior é uma prática essencial para chegarmos a um modo de vida mais feliz.

Alinhar Nossos Pensamentos com o Divino

Libertar-se de pensamentos perturbadores é um ponto essencial em todos os métodos de meditação, e também para as práticas de reflexão. Então, sugiro que os iniciantes nessa prática comecem pela meditação em busca da paz interior. Os estados meditativos mais profundos permanecerão inacessíveis enquanto você não tiver o pleno controle da paz interior, o que requer bastante dedicação. Apesar de parecer uma prática muito simples, na realidade é muito difícil conseguir isso de verdade. Os iniciantes em geral precisam dedicar cerca de 70% do tempo de suas meditações apenas na concentração, visando harmonizar a mente.

Recomendo que você inicie sua meditação para a paz interior pelo relaxamento do corpo. A mente e o corpo têm uma relação íntima e se influenciam mutuamente: quando você começar a liberar a tensão acumulada em seus músculos, a mente irá acompanhar esse processo com muito mais facilidade. Uma boa maneira de iniciar é sentar-se em uma postura bem confortável e procurar acalmar a respiração.

Quando suas vibrações internas estiverem em harmonia, você estará pronto para avançar.

O próximo passo é parar de abrigar pensamentos negativos. Portanto, temos de nos concentrar não tanto em eliminá-los da mente, e sim em direcionar os pensamentos para um mundo mais elevado. Quando penso neste passo, lembro-me de uma lição importante ensinada pelo monge budista Nichiren[1]. Escrevi sobre esse conselho em meu livro *As Mensagens Espirituais de Nichiren*[2]. O monge explica: "Para dominar a mente, devemos entender um fato importante a respeito de sua natureza: a mente, na realidade, é incapaz de abrigar dois pensamentos independentes ao mesmo tempo. Isso significa que um pensamento negativo não será capaz de permanecer caso um positivo esteja presente. Esse princípio mostra que, quando um pensamento negativo se instala, como se fosse um prego enfiado numa tábua de madeira, será mais fácil removê-lo se você bater outro prego – um pensamento positivo – bem em cima dele. Não se dê

---

[1] Nichiren Daishōnin (1222-1282) foi um monge budista japonês do século XIII. Fundou o budismo de Nichiren, importante segmento do budismo japonês.
[2] Primeiro livro de Okawa, de 1985 (*Nichiren Shonin no reigen*), disponível apenas em japonês. (N. do E.)

ao trabalho de tentar achar um jeito de arrancar o prego da tábua. Em vez disso, o pensamento negativo pode ser expulso da tábua martelando um pensamento positivo em cima dele".

Deus estava de fato imbuído de compaixão quando nos criou. Ele nos fez de tal modo que as preocupações não conseguem permanecer se estivermos em estado de serenidade interior. Ele permitiu que só um pensamento dominasse nosso reino interior a cada momento. Isso significa que podemos eliminar as preocupações mundanas de nossa mente sintonizando nossas vibrações internas com um plano mais elevado, em vez de ficarmos no nível dos pensamentos negativos.

As vibrações ou frequências interiores que abrigamos quando estamos preocupados raramente estão em sintonia com os mundos mais elevados que existem além da quarta dimensão – na realidade, nossas preocupações compartilham as mesmas frequências dos reinos sombrios existentes nas partes inferiores do outro mundo. Portanto, não há como sermos beneficiados se ficarmos o tempo todo preocupados com os nossos problemas e sofrimentos.

Quando sintonizamos nossas frequências internas com as do plano divino, evitamos que nossa mente seja invadida por preocupações ou pelo sofrimento de outras pessoas ou seja afetada pelo nossos sofrimentos em relação aos outros, ou por pensamentos que outras pessoas possam emanar em relação a nós. Quando as frequências são muito diferentes, isso impede que se estabeleça uma conexão entre elas.

Todos os dias ocorrem muitas situações que podem fazer surgir pensamentos negativos — aquelas nas quais nos sentimos magoados ou quando fazemos algo que possa magoar alguém. Mas sempre temos uma escolha: podemos apenas deixar isso nos afetar sem reagir ou escolher outra reação. Se alguém nos insulta ou nos traz uma notícia ruim, temos a escolha de ficar preocupados com isso o dia inteiro, a semana, o ano todo ou até pelo resto da vida — ou então escolher imediatamente não dar importância ao fato.

Escolha a Paz Interior em vez da Preocupação

Quanto mais você praticar a meditação para a paz interior, maiores serão sua capacidade e sua rapidez para resistir às influências negativas das circunstâncias externas. Você será capaz de entrar em um estado de meditação no momento que quiser. Com a prática da meditação, quando a vida atirar uma pedra no meio do seu lago interior, você terá o poder de acalmar as ondas que se formarem.

Quando isso ocorrer, as pessoas que não se esforçam em ter o domínio do seu eu interior provavelmente sentirão como se tivessem sido atingidas pelas ondas de um mar bravio sob uma tempestade. Essa diferença na forma de sentir e reagir amortecendo o impacto dependerá da maneira como você tiver treinado sua mente. Por exemplo, suponha que você está numa aula de meditação e, de repente, um dos presentes discorda e começa a discutir com o orientador da aula. Claro, a tranquilidade que predominava no ambiente até então deixará de existir.

Sejam quais forem as circunstâncias externas, a maneira de cada pessoa de reagir a essa situação dependerá da capacidade individual. Se você estivesse numa situação como essa, quanto tempo iria levar para recuperar um estado de quietude, e, ao conseguir isso, por quanto tempo seria capaz de mantê-lo? Sem dúvida, essa seria uma ótima oportunidade para testar o quanto sua habilidade de se acalmar progrediu e assim constatar os frutos dos seus esforços.

As experiências do dia a dia e os encontros com outras pessoas, como no exemplo exposto citado, são desafios importantes, que disciplinam a mente para preservar a calma interior. A meditação para obter a paz interior não requer necessariamente condições preestabelecidas, como um local isolado ou uma postura nos moldes zen. Na realidade, ela pode ser praticada dentro das circunstâncias comuns da vida diária.

A vida nos oferece inúmeras situações que nos ensinam a lidar com as coisas que as pessoas fazem, pensam e dizem — isto é, que nos permitem treinar e aprender a tomar melhores decisões sobre o modo como os eventos da vida nos afetam. O que você prefere escolher quando uma pedra é atirada em seu lago mental? Ficar olhando as pequenas ondas se formarem e crescerem até virarem ondas maiores e agitadas? Ou prefere detê-las e fazer com que se acalmem e a água volte à tranquilidade? Se nos dedicarmos, seremos capazes de treinar a mente a reagir do jeito que quisermos. Com a prática, você se tornará hábil nesse tipo de meditação e sua mente encontrará um estado de paz ao final de cada dia.

Essa maneira de viver está estreitamente relacionada com um provérbio muito valorizado no Japão: "Viva cada dia como se fosse o último". A mente é tão versátil que, com a prática, podemos treiná-la a fim de que pare de se preocupar quando formos deitar à noite. Esse é um dos segredos da felicidade, e tudo depende da atitude que você decidir assumir em cada dia de sua vida. Todos os dias são preciosos. Seria muito triste usar o dia de hoje deixando que ele seja preenchido com as preocupações do dia anterior. Do mesmo modo, antecipar as preocupações do amanhã também irá trazer problemas.

Para poder tratar com carinho cada um de nossos dias, devemos compreender que não vale a pena carregar os sofrimentos do dia anterior para o seguinte. Para tratar o dia de amanhã com todo carinho, devemos encerrar o dia de hoje com paz mental, para começarmos na manhã seguinte com a mente livre e renovada. É esse o sentido de viver cada dia como se fosse o último.

Criar Paz Interior Sempre Que Quisermos

Essa atitude acaba se tornando natural quando persistimos no esforço de dominar a meditação para a paz interior: começamos a viver não apenas cada dia, mas também cada hora, cada minuto e cada segundo como se fosse nosso último. O objetivo principal da meditação para a paz interior é treinar a nós mesmos para deter as agitações da mente no exato instante em que elas aparecem, criar a paz interior por uma decisão da nossa vontade, e manter esse estado pelo maior tempo possível.

Isso às vezes é descrito como a capacidade de emitir ondas alfa. Por exemplo, os monges geram ondas alfa durante a prática de meditação. As ondas beta são exatamente o oposto, pois resultam de uma mente agitada. Claro, não é muito difícil manter uma mente pacífica quando tudo o que você está fazendo é ficar sentado acalmando sua respiração. Mas é graças aos desafios que a vida diária nos impõe que nossa mente tem a chance de desenvolver a capacidade de manter as ondas alfa sob quaisquer circunstâncias.

Vamos dar um exemplo. Quando alguém diz algo ofensivo, a atitude mais comum é reagir com raiva e querer revidar. Em vez disso, para conseguirmos criar a paz interior devemos desenvolver o hábito de refletir imediatamente a respeito de nós mesmos e ponderar sobre a possibilidade de estarmos fazendo algo errado.

Devemos refletir: "Será que não foi alguma coisa que eu pensei ou fiz que pode ter levado essa pessoa a se comportar assim?". Em certas situações, você vai perceber que a outra pessoa estava simplesmente reagindo a um comentário negativo que você fez, a uma atitude sua de desprezo ou de provocação ou a alguma outra coisa que você tenha feito ou até pensado. Se descobrir que de alguma maneira cometeu um erro, o que você deve fazer é muito claro: mude de atitude de imediato e peça desculpas. Se a pessoa não estiver mais com você na hora, então peça desculpas dentro de seu coração. Essa sua mudança de postura mental – abrir mão de seus sentimentos de mágoa – é tão vital para o seu bem-estar quanto para o da outra pessoa. O ressentimento é um estado mental que gera muita infelicidade, e se apegar ao ressentimento por vários dias é algo que não irá trazer nada de bom nem para você nem para os outros.

Por outro lado, se você não consegue encontrar dentro de si uma causa que possa ter originado o comportamento na outra pessoa, então está diante de uma situação em que será necessário que você pratique o perdão. É compreensível que, em certas ocasiões, nós simplesmente não sejamos capazes de nos desapegar de nossos sentimentos de mágoa, por mais que nos esforcemos para perdoar. Neste caso, é preciso examinar seu interior e verificar se está abordando a situação com suficiente amor e se está determinado a mudar sua atitude. Por "amor" eu não me refiro a dar coisas materiais ou agir com bondade. Para esse tipo de situação é necessário praticar o amor incondicional, sem julgamentos, que dá de si com absoluta boa vontade.

Nós compartilhamos este mundo com uma multidão de pessoas, cada uma crescendo no próprio ritmo. Portanto, é muito possível que você esteja compreendendo algo que os outros ainda não têm como compreender. Assim, a paciência é realmente uma virtude importante, que temos de cultivar como membros de nossa comunidade. É absurdo ter a expectativa de que todo mundo pense igual a nós. Seria como uma professora esperar que todos os seus alunos entendam na hora tudo o que ela ensina, exatamente do jeito que ela ensinou. Mas a verdade é que há sempre alguns alunos que aprenderiam muito melhor se tivessem um pouco mais de tempo para isso ou se o assunto fosse tratado com outra abordagem.

Eu sou autor de milhares de livros e tenho enfrentado circunstâncias similares. Enquanto alguns dos meus leitores compreendem 100% das ideias que transmito, outros entendem 90%, alguns 50% ou às vezes apenas 10%. Mas não deixo que isso me frustre em relação aos meus ideais, porque vejo que muitas dessas pessoas acabaram de embarcar em sua viagem para o despertar espiritual. Seria uma estreiteza mental de minha parte ficar irritado só porque alguém não compartilha o meu ponto de vista. Se você fizer um esforço consciente para se colocar com a mesma abertura de coração em todos os seus contatos com pessoas, sua mente por fim poderá se abrir para o espírito do perdão.

Para cultivar um coração indulgente, que saiba perdoar, precisamos elevar nosso grau de iluminação. Para sermos realmente bons com os outros temos de alcançar uma profunda compreensão da mente humana. Quando você entender a mente humana em profundidade, enxergará sem nenhum esforço por que alguém diz algo que magoa, por que a pessoa fica irritada devido a algum problema ou por que ela se comporta de algum modo. Com essa compreensão, não há como evitar ser bom com os outros.

Porém, se nós ainda não alcançamos essa clareza, essa iluminação, reagiremos de uma maneira automática, e isso indica que nosso mundo interior está na mesma condição que o da outra pessoa. Se as vibrações que fluem para o nosso interior criam esse tipo de perturbação, significa que não estão vindo de um lugar divino. E, se nossa mente está reagindo com a mesma energia perturbada, quer dizer que o nosso nível de compreensão espiritual não é tão diferente daquele da outra pessoa.

A escolha está sempre disponível – você sempre pode optar por fazer um esforço e acalmar seu lago interior, permitindo que sua mente brilhe como se fosse a lua cheia refletida com perfeição nesse lago. Sejam quais forem as circunstâncias, só você é responsável por seu estado mental, porque tem toda a liberdade de escolher mudar de atitude. O domínio da meditação para a paz interior pode ser alcançado por todos os que se esforçarem para viver com uma postura mental de autorreflexão, de procurar olhar para as coisas por uma perspectiva espiritual, e de alcançar uma compreensão mais elevada e divina de si mesmos, dos outros e deste mundo. É esse o verdadeiro propósito da meditação.

3

Meditação para Concentrar-se em um Objetivo

O segundo tipo de meditação é chamado de meditação com propósito, que é qualquer meditação praticada com alguma intenção específica em mente. Meditação reflexiva, meditação da autorrealização, meditação para acreditar em sua luz divina interior e meditação para lembrar-se dos momentos felizes são apenas alguns exemplos.

Como os nomes indicam, todos esses métodos são praticados com um propósito definido, que é consumado por meio da prática da visualização de uma meta na tela mental interior. Conforme visualizamos essas metas se cumprindo, elas vão ficando registradas em nossa mente.

Meditação Reflexiva

O objetivo da meditação reflexiva é, por exemplo, aliviar o peso de pensamentos dissonantes relativos ao nosso passado aos quais estejamos muito apegados e apaziguar nosso coração em relação a eles. Os pensamentos que impedem nossa paz interior em geral vêm de traumas, sentimentos e percepções que se originaram em eventos passados. Nesse tipo de meditação precisamos fechar os olhos, voltar no tempo e resgatar nossas memórias. Conforme relembramos os eventos e pensamentos do nosso passado, eles ganham vida na pálpebra interior dos nossos olhos ou na tela da nossa mente, como se estivéssemos assistindo a um filme. Isso nos dá uma chance de rever as imagens com desapego e examiná-las do ponto de vista de um observador imparcial.

A meditação reflexiva é uma maneira de entrar no estado meditativo por meio da prática da autorreflexão. O Buda Shakyamuni adotou esse método como base de suas meditações.

Durante a prática da meditação reflexiva, fazemos um reexame da nossa vida e relembramos eventos do passado, mas essas imagens devem acabar se desenrolando de maneira vívida na nossa mente, sem que haja nenhuma intenção definida da nossa parte.

Por exemplo, se recordarmos algum erro que possamos ter cometido quando crianças, a cena que nos é mostrada na nossa tela interior não deve ser aquela que estejamos tentando ver, mas uma que tenha vindo à superfície diretamente das nossas profundezas. Não se trata de tentar vê-la, mas de permitir que venha à tona. Embora pareça uma diferença sutil, ela é vital.

Há um ponto, durante a meditação reflexiva, em que nosso estado mental faz uma transição e entra num estado meditativo autêntico. Essa transição ocorre quando avançamos de um estado em que há esforço, intenção, para um estado passivo, receptivo. Esse ponto de transição é a chave para entrar em um estado verdadeiramente meditativo.

Meditação da Autorrealização

Para praticar a meditação da autorrealização devemos visualizar um futuro brilhante para nós e imaginar que nosso potencial está sendo desfrutado. Se, conforme vemos nossa vida se desenvolvendo em nossa mente, nossa consciência permanecer confiante de que este é o futuro ideal para nós, então podemos estar certos de que essa trajetória de vida será recompensada pelos esforços que fizermos para que isso se concretize. Mas eu gostaria de enfatizar com veemência que a concentração intensa, voltada para uma direção equivocada, poderá criar situações indesejadas, até mesmo perigosas, para nós. Por isso, é vital dominar o método da meditação para obter a paz interior antes de começar a praticar o método de meditação com propósito. Uma mente calma e pacífica é essencial para sermos capazes de controlar a direção de nossos pensamentos.

Primeiro, precisamos focar nossos pensamentos em realizar um futuro brilhante. Depois, como passo seguinte, devemos abrir nossa mente e aguardar com tranquilidade que as imagens surjam por conta própria.

Existem milhares de livros sobre o assunto, e as pessoas que falam de autorrealização insistem no uso da força de vontade para que você consiga alcançar suas metas. Esses métodos são fundamentalmente diferentes da meditação de autorrealização; eles podem ser praticados mesmo que os pensamentos e as energias mundanos estejam constantemente no comando do nosso mundo interior. Segundo esses autores, pelo princípio da atração somos capazes de realizar um desejo, como comprar uma mansão, apenas pensando o tempo todo, todos os dias, no quanto queremos realizar esse desejo.

Esses autores e palestrantes defendem o uso da força de vontade concentrada para alcançar propósitos mundanos — para concretizar coisas materiais. Esse pode ser um método eficaz de realizar um objetivo, mas não é um método de meditação, nem uma abordagem ideal para a vida. Em vez de propiciar nossa conexão com o divino, essa prática liga o nosso mundo interior a seres do mundo do verso como duendes, feiticeiros, ermitões e magos.

A meditação para a autorrealização que ensino permite visualizar imagens do futuro que estão alinhadas com os desejos dos espíritos guardiões e espíritos guia, e essa é que deve ser a verdadeira meta de nossa meditação.

Meditação e Concentração

Muitos instrutores de meditação da atualidade ensinam os praticantes a concentrar seus pensamentos em coisas específicas. Mas esses métodos baseiam-se em uma compreensão equivocada da essência da meditação.

Meditação e concentração são duas práticas diferentes, que exigem estados mentais bem diversos. É possível concentrar a mente em pensamentos mundanos, inclusive pensamentos que podem perturbar a harmonia do universo. Mas nunca poderemos alcançar um verdadeiro estado meditativo se focarmos a mente em pensamentos que sejam desarmoniosos para o mundo.

Conexão Mental e os Mundos

Toda vez que concentramos a mente em algo, estamos fazendo uma conexão interior muito forte com um dos três mundos possíveis. Pensamentos e intenções sombrios nos conectam a mundos inferiores. Para ser mais exato, nos conectam com o inferno ou com o reino astral ou póstumo, situados na quarta dimensão do outro mundo.

O segundo mundo é um lugar chamado "céu menor" ou "mundo do verso". É o lugar para onde irão os seres que buscam usar o poder mental para criar fenômenos ou dominar as pessoas, tais como magos, bruxos, feiticeiros, ermitões, duendes, tengus[3], sennins[4] etc. Em geral, tais seres utilizam-se do poder da concentração, mas seus esforços estão envolvidos com a baixa espiritualidade, tendo um senso distorcido em relação ao que é certo ou errado. Nesse mundo você encontrará, por exemplo, pessoas que gostam de usar o poder da mente para entortar colheres e garfos.

Uma vez eu quis experimentar pessoalmente esse tipo de habilidade e consegui entortar duas colheres e quebrar três garfos. Mas decidi não continuar com esse tipo de prática porque, durante minha concentração, atraí um espírito tengu, que apareceu e se ofereceu para prestar ajuda para desenvolver esse poder.

A partir dessa experiência, logo compreendi que se concentrar em objetivos materiais faz

---

3 Os tengus são criaturas fantásticas do folclore japonês, de nariz comprido e que habitam florestas e montanhas. Acredita-se que possuem poderes sobrenaturais, como a capacidade de mudar de forma, ventriloquismo, teletransporte e a habilidade de penetrar no sonho dos mortais.

4 Personagem da mitologia taoista que se tornou popular no Japão. O sennin é um eremita que vive no alto das montanhas ou mesmo sobre as nuvens, e possui poderes mágicos, como a capacidade de voar, além do maior de todos os dons: a imortalidade.

com que o nosso mundo interior entre em conexão com espíritos desse nível.

Eu não estava nem um pouco interessado em ter esse tipo de poder. E senti que havia algo de errado quando se usa essa maneira de concentrar o poder da vontade. Além disso, percebi que a intensidade da concentração nesse tipo de prática é tão forte que a mente faz conexão de imediato, em questão de um ou dois segundos. Então, compreendi que, embora essa prática faça a pessoa sentir um certo poder, ela claramente pertence a uma espécie perigosa.

Por isso, recomendo a todos que, ao praticar a concentração, tenham por objetivo estabelecer uma conexão com o divino, o mundo do terceiro tipo.

4

Meditação Focada na Leitura:

Treinar Sua Mente a Se Concentrar

Emanar uma vibração interior constante e contínua é a base para entrar em um estado meditativo. Mas aqueles de nós que levam uma vida frenética, como as pessoas que trabalham na área de negócios, já se habituaram a um estado mental irrequieto, cuja mente salta o tempo todo de uma coisa para outra. Uma hora estamos pensando em algum problema, de repente nossa atenção é distraída por algo que ocorre à nossa volta e em seguida já somos tomados por alguma emoção que surge de surpresa.

Aqueles de nós que têm uma mente dispersiva como essa precisam recuperar a capacidade de afastar os pensamentos cotidianos que interrompem nossa concentração e nos impedem de mergulhar em um estado meditativo profundo. Esse deve ser seu primeiro passo na meditação, caso você tenha esse tipo de vida ativa, se sua mente fica sempre oscilando ocupada com alguma coisa.

A essa altura, você deve estar pensando: "Como seria bom se eu conseguisse uma semana livre; eu poderia procurar algum lugar bem tranquilo, como um retiro na montanha, e ficaria meditando. Não precisaria me preocupar com distrações ou interrupções e conseguiria grandes progressos". Mas, para nossa decepção, a vida cotidiana exige demais do nosso tempo para que possamos ficar uma semana fora viajando, e é frenética demais para que possamos contar com um ambiente adequado para meditar em casa. Esse é um grande desafio para a nossa agitada vida moderna.

Se essa situação lhe soa familiar, não precisa ficar desestimulado com isso, porque há algumas medidas que você pode adotar mesmo dentro dessas circunstâncias. Não importa que tipo de situação você enfrente, a mente pode ser disciplinada a trabalhar a seu favor, do mesmo modo que a agulha magnética de uma bússola aponta sempre na mesma direção, não importa para onde seja movida. Igualmente, podemos aprender a dirigir nossa mente para uma única vibração e ficarmos focados nela o maior tempo possível.

Para que seja possível educar a mente dessa forma, eu recomendo a você um método chamado "meditação focada na leitura". O objetivo é que você fique absorvido na leitura de um livro por um longo período de tempo sem se deixar dispersar com outra coisa.

Como praticar a meditação focada na leitura? Antes de tudo, é importante escolher um material que seja de elevado nível espiritual, mas que não exija muito esforço intelectual. Para essa finalidade, evite escolher revistas, tabloides e livros de filosofia, pois seriam uma escolha inadequada para esse objetivo. Se você sente algum interesse pelos meus ensinamentos, recomendo muito que escolha um dos livros que publiquei. Eles são muito eficientes para a prática da meditação focada na leitura.

A seguir, você precisa definir a frequência e o período de tempo em que se concentrará nessa leitura, ajustando-os de acordo com o seu perfil, de forma que possibilite mergulhar por total sua mente no livro. Se ajudar, você também pode sublinhar as frases importantes à medida que a leitura avança. Trace como objetivo ler de um terço à metade do livro, cada vez que praticar isso. Também é possível medir seu objetivo em termos de tempo; eu recomendo que dedique pelo menos uma ou duas horas cada vez que praticar. Se, no início, uma hora lhe parecer muita coisa para manter a mente concentrada, comece com meia hora ou até mesmo quinze minutos. Então, aos poucos vá aumentando esse período até uma hora, depois duas, três. Quando avançar bem nessa prática, você terá habilidade para recolocar com rapidez sua mente em um estado de serenidade.

Se você trabalha fora, recomendo que pratique a meditação focada na leitura no trajeto de metrô ou de ônibus, ao ir para o trabalho e voltar dele. Esse intervalo e esse ambiente são ideais, sobretudo se você usa transporte público numa grande cidade. Um metrô ou ônibus lotado no horário de pico é uma tempestade de dispersões perfeita para desafiar a capacidade de sua mente de manter o foco: são pessoas, vozes, outros ruídos a que sua mente pode ficar tentada a dar atenção. E essa é uma hora do dia quando seus pensamentos tendem a vagar pelo projeto no qual está trabalhando atualmente ou para a discussão que teve com seu cônjuge no café da manhã.

Depois de algum tempo que começou a ler, você vai perceber que sua atenção começará a oscilar, seja porque sente tédio lá pela quinta página, ou porque se lembrou de alguma panela no fogo lá pela página quinze, ou por causa de algum programa de tevê lá pela página vinte, ou porque sente uma vontade enorme de parar de ler por volta da página trinta. Cada vez que perceber que sua mente se dispersou em outros pensamentos, simplesmente retorne sua atenção para as palavras do livro. É uma tarefa desafiadora, mas resulta numa disciplina que lhe trará enormes recompensas.

Se você conseguir se disciplinar e se manter controlando essas dispersões da mente sob essas circunstâncias durante um tempo de, digamos, uma hora inteira, e dar ao livro uma atenção não compartilhada com outras coisas, sua capacidade de concentração começará a fazer um progresso notável. Você irá não só cultivar a capacidade de focar sua mente, mas também a treinará para sintonizar suas vibrações interiores com pensamentos de alto valor espiritual.

Em algumas situações você pode enfrentar uma limitação física para a leitura. Por exemplo, se vive numa cidade muito populosa, com trens que ficam lotados de passageiros, até mesmo em pé, pode ser difícil encontrar espaço suficiente para conseguir abrir seu livro.

Em tais circunstâncias, você pode decidir abrir mão da leitura e, em vez disso, passar o tempo refletindo sobre algum tema. Por exemplo, pode tentar meditar a respeito do princípio da esperança — se conseguir alinhar sua mente com Deus, você irá receber alguma orientação Dele. Ou pode contemplar a questão de como desenvolver sua inteligência intuitiva — que é a inteligência e a intuição que se desenvolvem quando se cultiva o conhecimento e o pensamento lógico que o conduzam ao despertar espiritual. Pode também escolher contemplar um tema-chave dos meus ensinamentos — por exemplo: "O que vem a ser o amor que se dá?".

Em última instância, a meditação focada na leitura irá ajudá-lo a desenvolver a capacidade de se concentrar, que é essencial para dominar a meditação para a paz interior. Além disso, irá prepará-lo para praticar com maior facilidade a meditação com propósito. Essa capacidade também será vital quando você começar a explorar outros métodos de meditação que eu ensino.

5

Meditação com Propósito:

Abrir a Mente para a Inspiração

Quando você dominar os métodos da "meditação focada na leitura" e o da "meditação para a paz interior", estará pronto para aprender a "meditação com propósito".

Eu gostaria de tratar de uma pergunta importante que me fazem com frequência sobre a meditação com propósito: nesse tipo de meditação precisamos concentrar nossa força de vontade e formar ativamente imagens por meio de grande esforço? A resposta é sim, mas há exceções.

Como expliquei antes, o primeiro passo da meditação é concentrar a mente como se estivéssemos fechando o foco da lente de uma câmera fotográfica a fim de livrar nossa mente das ondas de pensamentos dispersivos que fluem por este mundo. Portanto, concentrar a mente em uma imagem é essencial; no entanto, devemos ter cuidado para não voltarmos os pensamentos para uma direção que possa gerar uma vibração interior incorreta.

Porém, só isso não é suficiente para entrar no estado meditativo que queremos. Quando a mente estabelece um foco estável em uma vibração interior e é capaz de manter esse estado por um longo período de tempo, devemos passar para o degrau seguinte de abertura de nossa mente para receber inspirações, ao mesmo tempo em que mantemos nosso foco intacto.

Não conseguiremos fazer essa transição se tentarmos criar nossas próprias imagens sobre a tela mental interior, porque isso representaria um apego a algo que desejamos ver. O desejo de ver uma imagem inibe nosso mundo interior e o impede de se abrir e relaxar. Devemos deixar as imagens surgirem em nossa mente de forma involuntária, como se tivessem vontade própria, e manter a mente aberta para aceitar o que surgir, conservando uma atitude de aceitação total.

Quando mantemos nossa mente pensando naquilo que desejamos ter ou no que queremos alcançar, nosso estado mental fica parecido com o de uma pessoa que está vestindo uma capa de chuva. Do mesmo modo que a capa é composta por uma camada de tecido que repele as gotas da chuva e evita que encharquem nosso corpo, nossos desejos formam uma camada de pensamentos que impedem que a preciosa orientação dos espíritos guias superiores alcance nosso coração.

Em vez disso, devemos manter a mente aberta num estado de plena aceitação das inspirações enviadas pelos espíritos guias celestiais. Em última instância, a meditação com propósito não tem por objetivo criar imagens ou visões usando o poder de nossa vontade. Sua real finalidade é abrir o mundo interior de modo a permitir que imagens autênticas do mundo celestial emerjam do fundo do nosso coração.

A meditação com propósito não exige uma concentração intensa, com esforço, ou uma visualização intencional. Ao contrário, requer um estado mental receptivo, aberto, que é alcançado ao manter uma vibração interior calma e focada. Além disso, devemos receber com sinceridade qualquer visão que venha a surgir na tela interior da mente, e aceitá-la naturalmente.

Essa capacidade de trazer nosso mundo interior para um estado de receptividade é um pré--requisito para conseguir avançar para o terceiro estágio de meditação, que permitirá um contato interior com nossos guias espirituais superiores. Isso faz sentido, porque as imagens que surgem quando entramos num estado profundo de meditação nos são enviadas a partir do mundo celestial, o que é bem diferente de nos esforçarmos para criá-las nós mesmos.

Para alguns pode ser difícil entender como podemos receber apoio dos espíritos guias superiores e o que significa criar um estado interior de receptividade se ainda não passamos por esse tipo de experiência. No entanto, seja qual for sua compreensão, com certeza a pessoa que alcançar esse estado mental irá estabelecer uma conexão interior com os espíritos guias divinos e começará a receber uma valiosa orientação.

Podemos ter a impressão de que estamos praticando a meditação reflexiva apenas por nossa conta, mas na verdade as inspirações que surgem são sempre bênçãos que partem de um ser que reside no mundo celestial para nos ajudar a perceber coisas importantes, que se desenrolam como imagens mentais que conseguimos ver.

Não seremos capazes de aperfeiçoar nossa prática de meditação sem tornarmos nossa mente receptiva a essas inspirações. O mesmo princípio vale para a meditação da autorrealização.

6

Meditação para Dialogar com o Espírito Guardião:

Conectar Seu Interior ao Divino

O terceiro tipo de meditação é chamado "meditação para dialogar com o espírito guardião e o espírito guia". Nesse estágio, nosso ponto de apoio não está mais neste mundo, como na meditação com propósito. Agora, a mente se conecta diretamente ao mundo celestial e somos capazes de realizar um intercâmbio interior com o nosso espírito guardião ou o nosso espírito guia — seres espirituais que de lá do mundo espiritual zelam por nós e nos apoiam ao longo da vida.

Em essência, nos tornamos unos com o mundo celestial, e cultivamos nossa espiritualidade de modo a poder desenvolver o coração de uma pessoa divina. O objetivo último desse estágio de meditação é chegar ao auge dessa arte:

um estado mental verdadeiramente meditativo e um real entendimento do que significa praticar a meditação.

Antes de avançar, eu gostaria de relembrar os passos vistos até agora. Primeiro, voltamos nosso mundo interior para pensamentos de alta espiritualidade e procuramos manter esse estado mental pelo maior tempo possível. Isso nos ajuda a entrar em um estado meditativo profundo e permite fechar a porta para preocupações, problemas e outros pensamentos mundanos que perturbam nossa paz interior.

O passo seguinte é realizar a meditação com propósito. Nessa prática, devemos idealizar metas para apoiar nossa disciplina espiritual e nosso treino mental. Existe uma variedade infindável de meditações com propósito – há inúmeros tipos, que mudam conforme a meta. Porém, o objetivo final da meditação está muito além desses propósitos, dos quais teremos de ir aos poucos abrindo mão conforme vamos nos aproximando do terceiro estágio.

À medida que nosso estado mental for ficando mais intensamente focado no segundo estágio, nosso mundo interior acabará fazendo uma transição para um estado de completa receptividade às inspirações divinas. A intenção voltada para os propósitos que cultivamos de início irá se ampliar e permitir que sejamos guiados pelos espíritos guardiões e espíritos guias superiores.

É nesse ponto que alcançamos o terceiro estágio e que nossa comunicação com os espíritos guias começa a ganhar uma proporção maior. Aos poucos, notamos que as percepções dos nossos cinco sentidos, que incluem a audição e a visão, começam a diminuir, embora ainda estejamos dentro de nosso corpo físico, e que o lado espiritual dos sentidos se torna mais aguçado. Isso ocorre porque começamos a perceber o ambiente por meio do corpo espiritual e não tanto por meio do corpo físico.

Dependendo do esforço que você dedicar aos estágios anteriores, conseguirá entrar aos poucos num estado mental capaz de conduzi-lo a um estado sutil mais além, que é a experiência fora do corpo, conhecido como projeção astral. No entanto, a condição essencial para estabelecer esse estado de comunicação é ter a capacidade de pensar continuamente em questões de elevado valor espiritual, a qual deve ser desenvolvida por meio da meditação focada na leitura.

As experiências fora do corpo requerem um estado mental altamente avançado. Esse tema merece uma discussão em profundidade em outro livro, porém vou apresentar aqui uma breve visão geral. Há diferentes níveis desse tipo de experiência, mas aqueles que conseguirem avançar bastante poderão obter vislumbres do plano celestial e sentir a presença de espíritos divinos dentro do universo interior. Buda Shakyamuni passou por esse tipo de experiência muitas vezes em suas meditações, e sua alma com frequência fazia viagens de ida e volta ao plano espiritual elevado. Os espíritos divinos sempre o acompanhavam, falando com Ele, e Ele às vezes sentia a luz de Deus inundando todo o seu ser.

Esse tipo de meditação que nos permite ter diálogos reais com o plano divino existe de verdade. Pode ser difícil para a maioria de nós conseguir chegar ao estado que Buda Shakyamuni alcançou, mas ao menos poderemos experimentar um estado de comunicação mais fácil, que muitos iniciantes na meditação conseguem: perceber uma sensação de calor preenchendo nosso coração no decorrer da meditação. Muitas pessoas também têm essa experiência enquanto estão assistindo às minhas palestras.

Há outras maneiras pelas quais podemos vivenciar essas sensações agradáveis de calor. Alguns podem sentir um calor fluindo para dentro de si a partir do topo da cabeça. Outros sentem um fluxo de calor circulando por todo o corpo, uma sensação de calor preenchendo o peito ou uma súbita inundação de calor no momento em que deparam com palavras da Verdade.

Todos esses são sinais de uma conexão com o nosso espírito guardião. Ele pode estar nos enviando luz a partir do mundo espiritual para nos ajudar a perceber algo importante a respeito de nossa vida, ou o próprio espírito guardião talvez esteja vivendo um momento de felicidade. São essas experiências com a luz de Deus que ajudam nossa alma a despertar para as Verdades.

Todas as pessoas são capazes de experimentar momentos como esses. Embora possa demorar alguns anos para atingir esse ponto, o esforço que você coloca em aprender as Verdades, em comparecer às palestras e seminários da Happy Science, por exemplo, certamente irá lhe trazer muitos benefícios.

Espero que você consiga sentir essa felicidade interior algum dia. É o tipo de experiência que irá levá-lo a um despertar espiritual mais elevado e a um profundo sentido de meditação e espiritualidade. Sua espiritualidade irá se elevar a um estado em que você saberá precisamente como criar paz interior e poderá ler seu próprio estado mental como se ele fosse um livro aberto. A partir daí, também será mais fácil para você reconhecer quando sua mente estiver para cair em algum estado de sofrimento ou prestes a passar por uma grande tormenta interior. Então, será capaz de restaurar sua paz interior, por exemplo por meio da reflexão, e fazer com que imediatamente sua mente seja preenchida de luz.

Tenho a esperança de que você perceba que o diálogo interior com o mundo celestial é algo que está dentro do seu alcance e que a sua compreensão da essência da meditação mude para sempre a partir do momento em que tiver essa experiência. O efeito será tão profundo que irá transformar sua maneira de entender o que significa estar em um estado mental receptivo. Embora este seja um estágio de meditação difícil de ser alcançado, acredito que, com esforço, muitas pessoas podem cultivar esse estado interior e que as experiências com o divino estão ao alcance de todos.

7

Descobrir a Postura e o Método de Respiração Ideais

Quando você pensa em posturas de meditação, que imagem lhe vem à cabeça? Seria a postura dos monges zen, sentada sobre as pernas ou a elaborada postura de lótus dos iogues, com as pernas entrelaçadas? E quanto às formas de posicionar as mãos: para cima ou para baixo — os mudrás — como as estátuas budistas, ou talvez a postura de oração?

Esta seção descreve posturas e técnicas de respiração para a meditação. Não obstante, trata-se apenas de recomendações para ajudá-lo a começar a praticar da maneira mais confortável possível. Não há regras rígidas e imutáveis que precisem ser seguidas, e são muitas as posturas que produzem bons resultados.

Se você me perguntar como eu medito, terei de confessar que não tive nenhum tipo de problema ao meditar enquanto estava jantando ou mesmo quando estava tirando uma soneca. Se alguém me pedisse, acredito que seria capaz de meditar até mesmo de cabeça para baixo. Anos de experiência me ensinaram que, no final, a postura e a técnica têm pouca influência na obtenção de um estado mental meditativo.

Apesar de dizer isso, ainda assim recomendo seguir alguns fundamentos básicos para a prática da postura e da respiração, de forma que possa ajudar você a meditar de uma maneira mais confortável.

Posição das Mãos – Mudrás

Muitas posições das mãos diferentes têm sido usadas através dos tempos, e cada uma tem suas vantagens. Recomendo três diferentes posições das mãos, respectivamente para: a meditação para a paz interior, a meditação com propósito e a meditação para dialogar com o espírito guardião.

Quando for praticar a meditação para a paz interior, recomendo que coloque as mãos abertas sobre os joelhos, com as palmas voltadas para cima. Essa postura promove uma sensação de libertação e ajuda o corpo e a mente a relaxar, contribuindo para afastar os pensamentos mundanos que perturbam a paz interior.

Para a meditação com propósito, a melhor posição é deixar as mãos sobre os joelhos com as palmas voltadas para baixo, pois isso favorece a concentração. Essa postura estimula um pensamento ativo e fortalece a capacidade de se concentrar de uma maneira dinâmica. É especialmente adequada para longos períodos de meditação.

A posição das mãos em oração é a mais adequada à meditação para dialogar com o espírito guardião e para a meditação para projeção astral. É a postura mais comum para esses tipos de meditação, e é obtida juntando as palmas das mãos em gesto de oração à frente do peito. Essa posição é a melhor para entrar no estado meditativo e para realizar orações que visam se conectar com os espíritos divinos. As mãos são um dos centros espirituais do corpo e têm a capacidade de concentrar e de transmitir a luz de Deus. Por exemplo, você deve ter ouvido histórias de curas conseguidas pela imposição das mãos sobre o corpo de uma pessoa. Apontar nossas mãos em determinada direção ajuda a concentrar nossa vibração interior naquela direção. Se as suas mãos apontam para cima, seus pensamentos serão dirigidos para o divino. Nossos dedos se tornam antenas que enviam nossa energia espiritual, e isso nos permite chegar aos espíritos divinos. Esse princípio equivale a fazer uma ligação telefônica para o céu. Do mesmo modo que as pessoas atendem o telefone ao receberem uma chamada, quando sua energia alcança o céu durante a meditação, um espírito divino com uma vibração interior similar atende "do outro lado da linha".

A postura das mãos em oração também representa o estado mental do Caminho do Meio, no qual se mantém o equilíbrio entre dois extremos. Por exemplo, quando sua mente estiver agitada, ao assumir a postura de oração você aliviará suas frustrações e se sentirá mais calmo e equilibrado.

Da próxima vez que você ficar nervoso por alguma razão, experimente fazer o seguinte: junte as mãos diante do peito na postura de oração, e veja o que acontece. Será muito mais difícil continuar gerando a energia da raiva. Não vai demorar muito, e você sentirá o sentimento de raiva começar a diminuir. A postura de oração é de fato muito eficaz para restaurar a paz interior da mente.

Postura das Pernas

Ao longo do tempo, também têm sido praticadas muitas posturas das pernas diferentes, como a de lótus ou a zen, de joelhos; no entanto, elas não são essenciais.

O ponto mais importante é encontrar uma posição que faça você se sentir confortável e que ajude na sua concentração. Como a meditação pode se estender por um bom tempo, recomendo que encontre uma postura relaxada, que consiga manter por um longo período sem que ela perturbe seu foco. E, se possível, recomendo sentar-se com a cabeça e o pescoço em linha reta, não de maneira rígida, mas numa postura ereta natural, pois isso ajudará a evitar sentir sonolência.

Pessoalmente, não uso a postura de joelhos por uma razão muito simples: minhas pernas ficam dormentes muito rápido. E tampouco adoto a postura completa de lótus, pois tenho dificuldade em manter minhas pernas contorcidas nessa posição — talvez porque sejam muito compridas ou muito curtas —, mas, não importa, simplesmente não é uma posição na qual me sinto confortável, então tenho certeza de que outras pessoas também devem ter a mesma dificuldade.

Métodos de Respiração

O próximo passo é acalmar a respiração. Comece seu exercício de respiração inspirando profundamente pelo nariz, estufando o peito, fazendo com que o ar chegue até a parte de baixo do abdome. Então, solte o ar pela boca, suavemente e devagar. Conforme for alternando entre o processo de inspirar e expirar, o ritmo de sua respiração irá ajudar a acalmar sua mente.

Existem muitas outras técnicas de respiração. Por exemplo, uma das minhas meditações usa a técnica oposta: inspirar pela boca e expirar pelo nariz. Conheço ainda métodos nos quais a pessoa que medita inspira e expira apenas pelo nariz ou apenas pela boca. A escolha é uma questão de preferência pessoal, que depende de nossa disposição física. Aqueles que não têm problema em respirar pelo nariz podem se beneficiar do uso desse método, enquanto aqueles que conseguem apenas uma respiração rasa pelo nariz devem optar por respirar pela boca.

Eu já experimentei vários métodos. Em certa prática, tentei inspirar e expirar só pelo nariz, mas minha respiração ficou tão curta que depois de alguns minutos meu rosto começou a ficar vermelho. Foi então que aprendi que combinar a respiração pela boca e pelo nariz se adapta melhor à minha fisiologia. Mas aqueles que são magros e não têm problemas em respirar profundamente pelo nariz podem achar que respirar só pelo nariz funciona melhor para eles.

A diferença entre respirar pelo nariz e respirar pela boca está basicamente na quantidade de oxigênio que cada método proporciona. Inalar pela boca nos dá mais oxigênio e de maneira mais rápida. E funciona tão depressa que irá ajudar você a acalmar a mente instantaneamente, o que talvez explique por que esse método é mais popular.

Por exemplo, quando você estiver prestes a perder a paciência, recomendo que inspire pela boca e expire lentamente pelas narinas. Ao repetir isso algumas vezes, você começará a se acalmar. Se inalar apenas pelo nariz, poderá levar mais tempo — cerca de cinco minutos — para recuperar a tranquilidade. Então, sugiro que escolha um método mais adequado ao seu tipo físico e ao estado mental que estiver vivenciando no momento.

Os praticantes que pertenciam à ordem religiosa de Buda Shakyamuni preferiam o método de inspirar pelo nariz e expirar pela boca, porque inalar e exalar apenas pelo nariz ou pela boca já é a maneira pela qual normalmente respiramos. Usar um método com o qual você não esteja habituado ajudará a ficar mais consciente da respiração. Isso também facilita a concentração na respiração abdominal, em que sua atenção é colocada no ar que flui até a parte de baixo do ventre.

No entanto, o segredo é descobrir o método de respiração com o qual você se sente mais confortável e que funciona melhor para acalmar sua mente e seu corpo. Por meio da prática persistente, essas técnicas de respiração irão ajudá-lo a restaurar a paz interior da sua mente. E aqueles que tiverem alcançado certo grau de consciência espiritual experimentarão o calor da luz divina simplesmente ao acalmarem sua respiração.

8

As Bênçãos da Meditação

A meditação traz muitas bênçãos para o nosso mundo interior e para a nossa felicidade. Existem três benefícios principais que podemos obter ao tornar a meditação parte de nossa vida.

Primeiro, ela traz ao nosso mundo interior um precioso alívio dos problemas e ansiedades que nos atormentam dia e noite. Há muitas pessoas cuja mente está tão cheia de problemas que elas dificilmente têm um momento de paz para saborear. Para outras, os maiores obstáculos à felicidade são as questões do cotidiano e as preocupações inúteis a respeito do futuro, que tomam conta de sua mente.

Praticar meditação ajuda a nos livrar desse tumulto interior, mesmo que por um breve intervalo, para nos trazer uma sensação calma, passiva, de felicidade. A prática persistente treina o nosso mundo interior a se desapegar das energias perturbadoras e permite que elas vão embora, como se fossem a correnteza livre de um riacho na primavera. Esse benefício vital nos proprociona um grande suporte para a saúde e para a felicidade da mente.

Segundo, a meditação nos permite experimentar um estado etéreo de felicidade, que é muito real e autêntico. Nesses breves períodos de iluminação espiritual, sentimos a presença de espíritos divinos ao nosso lado, apoiando-nos; sentimos um derramamento de luz celestial sobre nós, e podemos ter vislumbres dos bem--aventurados mundos celestiais; são esses momentos que nos ensinam o que realmente significa ser feliz. Nada neste mundo físico pode se comparar a essa felicidade divina. Com a prática contínua da meditação, uma sensação de alegria despreocupada e de completa felicidade começará a percorrer você, que experimentará momentos dessa felicidade simples repetidas vezes.

Tenho vivenciado isso e posso falar à vontade a respeito. Quando experimentamos a presença da luz divina e dos espíritos guias divinos perto de nós e compreendemos o quanto eles são reais, somos preenchidos por uma onda de emoção. Não conheço ninguém que consiga deter o fluxo de lágrimas quentes rolando pelo rosto quando descobre que seu espírito guardião esteve ao seu lado nesses anos todos, dando-lhe proteção e orientação, mesmo quando a pessoa vivia despreocupada em relação a isso.

Descobrir essas Verdades é algo que faz a pessoa derramar lágrimas de alegria, de uma maneira indescritível. Nosso coração fica inundado por um sentimento de gratidão por aqueles que sempre nos deram apoio, apesar de nunca termos notado sua existência, e também pela vida que temos à nossa frente e pelas possibilidades que o futuro nos oferece. Ninguém consegue conter essa onda de calor que toma o nosso mundo interior nessas horas de êxtase. É uma felicidade que não se compara a nada que tenhamos sentido antes. Aqueles que praticam meditação sentirão isso algum dia, e espero sinceramente que o maior número possível de pessoas consiga saborear essa alegria.

Existe um estado de felicidade ainda mais elevado, experimentado por pessoas como o Buda Shakyamuni, que passaram por um alto grau de aprimoramento espiritual, que é a felicidade mais plena trazida pela grande iluminação que obtiveram. Essa é uma alegria exaltada, que fica totalmente além do que as palavras conseguem expressar e que é alcançada somente com um profundo despertar espiritual. Aqueles que conseguem alcançar esse nível de iluminação descobrem o verdadeiro sentido da existência humana, tornam-se conscientes de que são parte essencial de um vasto universo e despertam para a sua missão na vida, que é sempre única.

Ao se aproximar desse despertar, a pessoa começa a se sentir preenchida por uma grande alegria que desencadeia uma paixão ardente de deleite. Depois que provamos isso, qualquer coisa que tenha algum valor neste mundo físico empalidece em comparação com a felicidade que sentimos. O valor que você costumava dar às coisas deste mundo passa agora a parecer algo em vão e vazio, e seu único desejo é desapegar-se de tudo o que está em sua posse. Embora para a maioria das pessoas esse estado de deleite espiritual seja difícil de se atingir, é uma meta que todos os que buscam o caminho espiritual devem aspirar alcançar. Espero que você entenda agora o imenso valor de conseguir chegar a esse nível de iluminação estando ainda encarnado.

A iluminação é uma conquista proporcional ao desenvolvimento de cada pessoa, e o grau de iluminação dependerá do nível de espiritualidade dela — isto é, o grau de consciência espiritual original que possuía quando estava no mundo celestial. É um imenso desafio cultivar e manter esse nível de consciência durante a vida que levamos no mundo físico. Se conseguirmos atingir a capacidade de sentir, pensar, entender e agir do mesmo jeito que faríamos se estivéssemos em nossa forma espiritual original e pura, esse estado mental com certeza irá trazer grande alegria à nossa vida. Desejo que muitas pessoas alcancem essa felicidade na vida, e é com esse propósito que a Happy Science vem criando vários templos locais ao redor do mundo.

Por fim, a meditação nos permite assumir o controle do nosso destino e alcançar a maestria de nossa existência. Há fases na vida em que perdemos o controle da direção e somos desviados da nossa rota pelas correntezas do destino neste mundo. Mas chega um momento em que acabamos entendendo que precisamos recuperar o controle de nossa vida. Como consta no outra "O Darma do Correto Coração", disponíveis em nossos templos locais, temos a capacidade inerente de assumir o controle do barco da nossa vida.

A meditação nos permite recuperar a paz interior e entender a essência de quem somos e a essência de Deus e das divindades — inclusive a compreensão de como o mundo celestial nos percebe. Ver nossa existência pela perspectiva espiritual ajuda a entender o que devemos fazer para assumir o controle da nossa vida. A introspecção serve para descobrir o tipo de rio pelo qual navegamos, quais são as correntezas que estão debaixo do nosso barco, que tipo de barco estamos tentando controlar e, por fim, o que devemos fazer para assumir o controle dele. Trata-se de começar a entender nossa mente e ficarmos conscientes da nossa posição no mundo e de como temos nos conduzido até aqui. Ao perceber que nos desviamos do caminho, a meditação nos ajuda a determinar como devemos manobrar nossa vida para retomar a rota adequada.

A meditação ajuda a cultivar um tipo de vida baseado no ponto de vista espiritual, e essa é a grande chave para dominar a vida. É uma prática de tamanha eficácia que a diferença entre a distância percorrida por aqueles que a praticam e por aqueles que a negligenciam é imensa. Essa é a essência e o segredo da meditação.

9
Os Segredos da Meditação

Para concluir este capítulo, vou resumir os segredos que irão conduzir sua meditação a um nível mais elevado de espiritualidade.

A razão de ser da meditação é cultivar uma relação com o mundo celestial. O primeiro segredo da meditação é acreditar de corpo e alma em Deus, no Buda Eterno, ou na existência do mundo celestial. Quando não acreditamos nesse poder, que é a fonte da meditação, nos privamos de seu impacto em nós. Quando praticamos com uma atitude de descrença, estamos apenas nos concentrando no aspecto material e em pensamentos mundanos, o que é o oposto do estado pacífico e receptivo que permite ao nosso mundo interior receber a luz e a orientação dos espíritos guias superiores e divinos.

Como expliquei antes, alguns estilos de meditação têm como meta negar a existência divina. Aqueles que adotam esses métodos fazem isso porque não estão de fato cientes da Verdade, e sua prática carece de experiência espiritual e de sabedoria interior. Acredito que aqueles que ensinam e praticam a meditação têm a responsabilidade de buscar e transmitir a Verdade.

O segundo segredo da meditação é transcender quaisquer interesses por objetivos de benefício próprio que possam estar motivando sua prática. Objetivos que tenham uma preocupação apenas consigo mesmo dificilmente irão atrair a luz e a orientação divina, pois tais desejos ativam energias malignas. Em vez disso, nosso desejo de autoaprimoramento deve vir de algum propósito mais elevado, como manifestar a vontade de Deus neste mundo. Como um servidor de Deus ou um guerreiro da luz, devemos procurar a força divina a fim de conseguir um propósito elevado e pedir a orientação divina para manifestar nosso verdadeiro potencial interior de cumprir esses objetivos.

Algumas pessoas encaram a meditação como uma maneira de alcançar um grau de autossatisfação, buscando cultivar energias paranormais, poderes ocultos ou até paranormais. Mas isso é muito diferente de uma postura mental altruísta e sem ego, e portanto envolve grandes riscos. Intenções como essas podem acabar ligando seu mundo interior a mundos sombrios, onde circulam energias equivocadas, infernais.

Por último, mas também importante, o terceiro segredo da meditação é refletir com frequência sobre nossa vida e sobre o estado que se encontra este mundo de uma perspectiva espiritual. Precisamos observar este mundo com base no mundo real e, com isso, verificar como deve ser a vida.

Antes de concluir, eu gostaria de explicar esses três segredos por um ângulo um pouco diferente, baseado em sua associação com as diversas dimensões do mundo celestial.

O primeiro segredo é ter fé. Essa é uma atitude compartilhada por todos os anjos e *arhats*[5] do mundo celestial, que vivem na sexta dimensão, conhecido como o Mundo da Luz. As almas desse Mundo da Luz têm um profundo apreço pelas Verdades espirituais criadas por Deus, pelo Buda Eterno, o Criador, e se devotam a enriquecer seu conhecimento espiritual e sua fé.

---
5 *Arhat* (ou *arakhan*) é um termo sânscrito usado em diferentes religiões orientais para designar um ser de elevada estatura espiritual. Significa "o digno, aquele que merece louvores divinos". (N. do E.)

O segundo segredo, meditar para realizar propósitos altruístas e não egoístas, é a postura mental compartilhada pelos anjos e *bodhisattvas* do Mundo dos *Bodhisattvas*[6], também chamado de sétima dimensão. Isso significa que se o seu modo de vida se baseia no amor ao próximo, então seus pensamentos irão alcançar essa parte do mundo celestial quando você estiver em meditação. Numa descrição mais proativa, se você se dedica a ter compaixão pelos outros e suas intenções são altruístas, irá receber orientação divina dos espíritos da sétima dimensão.

Por fim, quando você tiver aprimorado o terceiro segredo — desenvolver uma profunda consciência da sua vida e do estado deste mundo pela perspectiva do mundo celestial —, seu estado mental será compartilhado pelo Mundo dos *Tathagatas*[7], também chamado de oitava dimen-

---

6 O Céu está dividido em diferentes níveis. Os *bodhisattvas* são Espíritos Divinos que residem na sétima dimensão do Céu. Trata-se de anjos de luz cujas principais características são o altruísmo e atitudes de compaixão para com os outros; como servos de Deus, trabalham na prática para levar a salvação às pessoas. (N. do A.)

7 Os *tathagatas* são Espíritos Divinos que habitam a oitava dimensão celestial. Seu poder e a força de sua compaixão superam os dos *bodhisattvas*. Sua principal função é explicar ensinamentos baseados nas Verdades de Deus, além de conduzir e orientar outros anjos e as pessoas na Terra. Os *tathagatas* são seres que transcenderam a condição humana e repousam junto a Deus. (N. do A.)

são. Os espíritos divinos desse mundo, os *tathagatas*, estão muito conscientes espiritualmente de que se tornaram a corporificação das Verdades, das Leis universais de Deus. Eles possuem profunda compreensão da essência das Leis e do coração de Deus, por isso tomam decisões com base nos verdadeiros desejos de Deus. Em todas as situações que encontram na vida, sua liderança é praticamente impecável: eles sabem qual é o grau da Vontade de Deus e como Ele iria perceber a situação, e lidam com os problemas da maneira como Deus o faria.

Descrevi os três segredos da meditação em relação aos mundos celestiais, a fim de que você possa compreender os mundos que somos capazes de alcançar por meio da meditação. A ascensão através desses mundos é o objetivo derradeiro da meditação.

Os problemas e os sofrimentos da vida derivam, em última análise, de nos esquecermos de viver segundo a perspectiva espiritual, de deixar de adotá-la como nosso enfoque. No entanto, mesmo que às vezes sejamos arrastados por pensamentos e emoções relacionados a este mundo materialista, a meditação é uma experiência extraordinária, feliz, que cultiva a capacidade de lidar com o nosso estado mental do mesmo modo como fazem aqueles que vivem no mundo celestial, ainda que vivendo neste mundo terreno.

Esse é o milagre da meditação. Sua prática persistente irá ajudá-lo a realizar grandes conquistas na vida e irá abrir o seu caminho para um futuro brilhante.

Capítulo 2

Meditações para a Felicidade

1
Recuperar a Paz Mental em um Relacionamento Conflituoso

Quando interagimos com outras pessoas, às vezes notamos suas falhas e suas dificuldades, e podemos nos surpreender ao ver que nos sentimos orgulhosos e presunçosos por causa disso. No entanto, precisamos nos lembrar de que notar as dificuldades dos outros prova apenas o fato de que não somos completamente insensíveis. Perceber as falhas das pessoas não significa de forma alguma que somos superiores a elas.

O que pode provar nossa grandeza é a capacidade de enxergar a Luz Divina que ilumina a vida dessas pessoas e, ao mesmo tempo, ter consciência de como elas se parecem, como vivem, e qual é o estado mental delas. Isso nos permite compreender o verdadeiro sentido da vida, progredir em nossa disciplina espiritual e trilhar o caminho da iluminação.

Eu mesmo ainda estou aprendendo nessas questões. De modo geral, possuo muita habilidade em identificar as falhas das pessoas, mas o que faz minhas plateias se sentirem à vontade quando estou realizando uma palestra é que elas estão convictas de que não vou começar a condená-las. Se eu fosse o tipo de pessoa que costuma apontar as falhas dos outros assim que alguém se senta na minha frente, tenho certeza de que os assentos da primeira fileira sempre estariam vazios. A plateia toda provavelmente ficaria sentada no fundo se as pessoas achassem que eu iria apontar cada um dos erros que elas já cometeram na vida — por exemplo, citando quem foi o responsável por entrar em conflito com alguém por causa disso ou daquilo.

Mas eu nunca vou revelar o que há de errado com alguém que assiste às minhas palestras e, como as pessoas sabem disso, podem se sentar na minha frente com o coração em paz. Esse sentimento de confiança é extremamente importante para construir um relacionamento harmonioso. É inevitável que as pessoas se sintam nervosas em volta daqueles que ficam o tempo todo apontando seus erros e defeitos. Porém, como devemos nos comportar quando se torna inevitável perceber as deficiências dos outros? Como devemos fazer para nos mantermos tolerantes e nos concentrarmos somente no que elas têm de bom? Qual é a chave para ter uma atitude como essa? É procurar conhecer os outros. É respeitar os valores diferentes das outras pessoas. É compreender como funciona a mente humana e como as pessoas pensam. É isso o que significa o ditado: "Perdoar é compreender". Com frequência, é por não compreendermos os outros que nos desentendemos, e é essa incompreensão mútua que traz a infelicidade.

No meu livro *As Leis do Sol*[1], eu ensino que o mal não existe por si mesmo; ele é uma distorção que se origina de conflitos entre as almas, às quais foi dada total liberdade de criar o que elas desejarem. Essa é a origem do mal. O mal passa a existir somente quando entramos em contato com outra pessoa. Essa é uma grande verdade.

Existe algo de maravilhoso em cada pessoa que vemos à nossa volta. Mas as partes maravilhosas de cada pessoa podem entrar em conflito, na forma de divergências de opinião, quando tentamos trabalhar, viver e fazer coisas

---
[1] *As Leis do Sol*, 2ª Ed. revista e ampliada. São Paulo: IRH Press do Brasil, 2015.

juntos. Nossas perspectivas conflitantes podem evoluir para algo ainda mais maravilhoso quando somos capazes de resolvê-las por meio de uma discussão construtiva. No entanto, quando insistimos que estamos absolutamente certos e nos recusamos a fazer concessões ou a entrar em algum acordo com os outros é que o mal surge. Isso é o mesmo que achar que você é moralmente superior a alguém e querer se impor a todo custo, dando origem ao mal.

Tenho feito recomendações e dado conselhos sobre várias questões da vida. E recebo muitas cartas de meus leitores pedindo conselhos para seus problemas. Quando leio essas cartas, vejo que mais de 90% das pessoas estão colocando a culpa não nelas mesmas, mas nos outros ou nas circunstâncias. É muito difícil dar-lhes algum conselho útil, porque se elas atribuem sua infelicidade aos membros de sua família, aos pais ou irmãos, ou às suas circunstâncias, elas não serão capazes de mudar a si mesmas, não importa o conselho que eu dê a elas. Não posso mudar o fato de terem nascido em determinada família ou de serem filhas de seus pais. Não posso mudar o fato de terem os irmãos e irmãs que possuem. E não posso mudar o fato de elas terem sido criadas sem privilégios.

A única coisa que elas podem mudar é a maneira como se sentem em relação às suas circunstâncias e experiências, como as interpretam e de que modo farão uso disso conforme avançam pela vida. Não temos como mudar os fatos básicos de nossas circunstâncias. Nem mesmo as orações poderão transformar instantaneamente sua realidade no mundo que você idealiza. Meu conselho a esses indivíduos não produzirá nenhum resultado enquanto eles continuarem procurando soluções fora deles mesmos. Eles não serão capazes de mudar suas circunstâncias enquanto continuarem colocando a culpa de seus problemas nos amigos, professores, colegas de trabalho e em outras pessoas de seu convívio.

Todos os dias, nossa mente reage a vários eventos que ocorrem à nossa volta, e isso nos faz experimentar os mais diversos tipos de sentimento. Sejam quais forem as circunstâncias em que estivermos envolvidos, o primeiro passo é controlar nossa própria mente nos perguntando se está certo nos sentirmos do modo como estamos fazendo. Antes de interpretar e reagir a algo que alguém lhe disse, pergunte a si mesmo se está recebendo essas palavras do jeito correto.

Podemos interpretar o que os outros dizem de muitas maneiras. Talvez você não esteja compreendendo bem o que estão querendo dizer. Você pode, por exemplo, achar que as palavras gentis que lhe são dirigidas são elogios falsos, ou suspeitar que essas palavras ocultam o verdadeiro motivo e que no fundo a pessoa está querendo tirar vantagem de você mais tarde, quando na verdade pode ser que tudo o que as palavras pretendiam era dar-lhe um pouco de incentivo.

Precisamos examinar nossas percepções e reações de forma objetiva e ponderar se elas realmente fazem sentido. Essa introspecção é essencial para manter a paz mental. Quando sentimos que os outros disseram algo errado, existe sempre a possibilidade de que nós mesmos tenhamos feito uma interpretação equivocada.

Suponha que alguém lhe disse alguma coisa desagradável, e que você sinta que, não importa como interprete o que foi dito, considera aquelas palavras ofensivas. Mas você pode simplesmente optar por não deixar que isso o perturbe. Talvez você esteja levando isso a sério demais e pense que as palavras da pessoa estão ferindo sua dignidade, e então você decide confrontá-la. Tal situação pode muito bem virar uma batalha de palavras que, em seguida, se transforma num conflito, desgasta a relação e vira uma bola de neve, um grande problema. No entanto, se você mantiver a calma e sem apego procurar a razão do conflito, com frequência descobrirá que a causa está relacionada com suas próprias reações emocionais e com sua capacidade de processar essas emoções.

Eu tenho muita sensibilidade em relação aos sentimentos das outras pessoas. Possuo a habilidade de sentir suas emoções; mas, felizmente, também tenho o dom de não me deixar afetar por elas. Essa capacidade me torna blindado contra críticas e calúnias. Assim, consigo deixar que uma crítica passe direto por mim sem me atingir, pois aprendi a observar as coisas por diferentes perspectivas.

Por exemplo, vamos imaginar que eu cheguei vinte minutos atrasado ao local da minha palestra, e que tenha sido obrigado a retardar meu horário de almoço. Suponhamos que tenha gasto o início da minha palestra falando amenidades e não tenha entrado logo no assunto principal, e que o senhor "A" tenha concluído que fiz isso porque precisei de um tempo adicional para digerir bem minha refeição. Se ele expuser essa sua opinião, eu não vou ficar ofendido. O senhor "A" pode realmente ter feito uma dedução certa. Eu simplesmente vou pensar: "Ele tem razão – há vezes em que eu de fato prefiro não entrar direto no assunto principal". Se eu levasse a opinião dele com excesso de rigor e lhe desse muita importância, isso poderia facilmente virar um grande problema.

Desenvolver a capacidade de deixar que as coisas passem direto por você é essencial para a prática da meditação, porque a primeira chave para uma meditação bem-sucedida é manter uma mente pacífica e imperturbável. Antes de meditar, primeiro devemos ser capazes de minimizar a turbulência que perturba nossa mente. Para isso, precisamos treinar a nós mesmos para receber com leveza o que as outras pessoas dizem ou fazem a nós, ou mesmo não dar nenhuma importância, deixando tudo passar completamente – de modo que possamos manter a mente inabalável e calma.

2
Como Acalmar a Mente

Evitar o Contato com os Outros

Existem duas maneiras básicas de conseguir uma mente calma e imperturbável. A primeira é evitar o contato direto com outras pessoas. Desde os tempos antigos, os praticantes de religião possuem o hábito de buscar isolamento. Eles se retiravam para alguma caverna ou aldeia remota com o objetivo de meditar. Essas ainda são maneiras eficazes de conseguir uma mente calma. Retirar-se para um local calmo e evitar contato com os outros facilita manter a paz mental, porque a solidão nos torna menos suscetíveis às energias mentais das outras pessoas.

Não é tão difícil harmonizar nossa mente quando estamos sozinhos. Por isso, passar um tempo sozinho é essencial para os iniciantes na meditação. Mas a maior parte de nós tem uma vida muito agitada, e a solidão nem sempre é uma opção na frenética sociedade dos nossos dias. Quanto mais capazes e mais reconhecidos somos dentro da sociedade, mais complexa fica a nossa vida. Vivemos numa era que requer de nós a capacidade de realizar múltiplas tarefas ao mesmo tempo. Aqueles que se tornaram bem-sucedidos e se encontram em posição de nos guiar e liderar os outros estão ficando cada vez mais ocupados. Alguns deles até acabam sacrificando sua vida privada por causa do trabalho.

A meditação é um recurso que as grandes almas devem usar para aumentar seu poder, duplicando-o, multiplicando-o por três, ou mesmo por cinco, dez, cem vezes. Isso significa que a meditação é algo muito importante inclusive para pessoas muito ocupadas que possuem uma posição social elevada, porque precisamos muito que essas pessoas cultivem e libertem seu verdadeiro potencial. Mas o que elas devem fazer se simplesmente não têm como reservar um tempo para ficarem sozinhas?

Quando a circunstância não nos permite evitar contato com os outros nem se livrar das influências externas, há apenas uma maneira de manter a serenidade interior: controlar como nos sentimos a respeito das influências externas e reagimos a elas. Não há nada que possamos fazer em relação ao que os outros pensam e fazem. Tudo o que podemos fazer é escolher de que modo vamos interpretar as palavras e ações das pessoas e aprender o que for possível com elas. É essa a disciplina espiritual que podemos praticar para manter uma mente harmoniosa no decorrer de nosso dia a dia tão ocupado.

Mudar Nossa Perspectiva para Resolver Nossos Problemas

Uma maneira de controlar como nos sentimos e reagimos ao que acontece fora de nós é treinarmos para mudar nossa perspectiva o mais rápido possível. Esse é o primeiro passo a tomar.

Muitos de nós sequer pensam em mudar de perspectiva. Isso porque não se aprende a controlar a mente na escola. E, em geral, não temos ninguém para nos guiar ou apontar uma direção quando nossa mente está perturbada. Mas a verdade é que a cada um de nós foi concedido o completo controle sobre o reino da mente.

O que precisamos é reservar um tempo para fazer uma introspecção e repassar tudo o que pensamos e sentimos. Se você tem oito horas de sono, reserve algum tempo todo dia para examinar o que pensou e sentiu nas outras dezesseis horas em que ficou acordado. Com muita frequência, vamos constatar que nossa mente estava preenchida por pensamentos e emoções banais. É até possível que você se sinta envergonhado ao perceber que tipo de pensamentos e sentimentos estavam ocupando sua mente. Quando você analisar de onde eles vieram, irá descobrir que a maior parte deles se originou em suas próprias dúvidas e aflições.

Todos nós, sem exceção, temos nossas questões e problemas, com os quais temos de lidar. E se você não consegue identificar nenhum problema que possa estar enfrentando, então é provável que ele seja justamente este: você talvez não faça a menor ideia do que está acontecendo na sua vida. Em princípio, todos nós enfrentamos situações que perturbam nossa mente.

Não faz absolutamente nenhum sentido competir quanto ao número ou à gravidade dos problemas que encaramos na vida. Se você sente que tem um problema excepcionalmente difícil, que ninguém mais possui, na realidade está adotando uma maneira de pensar muito arrogante. Há uma grande quantidade de pessoas que vive em agonia com problemas semelhantes ao seu. Acreditar que você está sofrendo mais do que qualquer outra pessoa por causa de algum problema é apenas um sinal de arrogância ou de ignorância. As dificuldades que nos atingem nunca são exclusividade nossa. Há muitas pessoas que estão passando pelo mesmo tipo de sofrimento. Elas enfrentam a mesma situação ou circunstância que nós. Uma vez que compreendemos isso, devemos fazer uma análise profunda do nosso estado mental atual sob uma nova luz. Essa é uma das abordagens que nos levam a mudar nossa perspectiva.

Na realidade, nossa angústia é causada por nosso hábito de ficarmos apegados e pensando o tempo todo em nossos problemas, acreditando que isso irá nos ajudar a resolvê-los. Por sermos seres humanos, todos nós enfrentamos problemas na vida, mas o grau do nosso sofrimento emocional deve-se em grande parte à maneira como reagimos e lidamos com eles.

Quando você se sentir angustiado, tente dividir seus problemas em dois grupos: aqueles que você conseguirá resolver após refletir sobre eles, e aqueles que você não terá como resolver, por mais que se esforce pensando neles. Uma outra forma seria dividir os problemas em três categorias: os que você poderá resolver em breve, os que vão exigir algum tempo para serem resolvidos, e os que você nunca será capaz de resolver.

Você não deve se angustiar com aqueles que não podem ser resolvidos de imediato, e talvez ainda seja mais fácil abrir mão dos que você sabe que, por mais que raciocine, jamais será capaz de solucionar. No entanto, a maior parte dos problemas encontra-se na área nebulosa daqueles que você pode resolver com o passar do tempo. São exatamente os problemas desse grupo que costumam ser a origem da ansiedade. E na maioria dos casos, se você refletir bem, descobrirá que é a sua ansiedade pela incerteza em relação ao que pode vir a acontecer que o está atormentando. A maior parte de nossas angústias surge por não sabermos como a situação atual irá se desenrolar: se o problema atual será resolvido em três meses, seis meses ou um ano, e se o desfecho será favorável ou não. Então, a melhor atitude a tomar aqui é desfazer nossa ansiedade por não sabermos como as coisas irão se desenrolar ao longo do tempo.

Mas como resolver esse tipo de ansiedade? Vamos considerar de que modo podemos lidar com os problemas em cada uma dessas três categorias que mencionei.

Existem problemas que não podemos resolver, não importa o quanto pensemos a respeito. Por exemplo, não há maneira de eu me tornar presidente dos Estados Unidos neste momento. Portanto, se isso era algo que eu desejava, simplesmente deveria aceitar que não vai se realizar e ponto final.

Depois, há problemas que podem ser resolvidos em pouco tempo. Por exemplo, suponha que eu esteja realizando uma palestra e gostaria de encerrá-la rapidamente, mas ainda faltam 45 minutos para terminar. Esse é um caso que poderei resolver dentro de 45 minutos, portanto não há razão para ficar me preocupando com isso.

O terceiro tipo de problema é provavelmente o mais difícil de lidar. Por exemplo, na minha organização, a Happy Science, tenho certas medidas e planos que eu gostaria de implantar em relação a nossas atividades para os próximos dois anos. E tenho metas pessoais, relacionadas a escrever livros, ensinar e difundir as Verdades, que eu gostaria de alcançar nos próximos anos. Embora eu saiba que vou encontrar uma maneira de realizar isso dentro alguns anos, não há como agilizar e fazer tudo num curto espaço de tempo. Para mim, são desse tipo as questões que pertencem a essa área nebulosa.

Depois que identificamos os desafios que estamos enfrentando, podemos avaliá-los e encontrar maneiras de lidar com eles. Existem várias formas de fazer isso, mas o ponto mais importante é não ser dominado pela ansiedade.

3

Como Encontrar a Fonte da Confiança

Acumule Pequenos Sucessos

Como podemos evitar nos sentirmos completamente dominados por nossos medos? Aumentando a confiança em nós. Podemos superar a ansiedade quando cultivamos a confiança de saber que conseguiremos vencer os desafios que enfrentamos.

Existem duas fontes de autoconfiança: a primeira surge quando sentimos que seremos capazes de resolver quaisquer problemas que possam aparecer no futuro no momento em que percebemos que já superamos muitos problemas diferentes que surgiram diante de nós no passado. Ao refletir sobre o seu passado, procure se lembrar de cada dificuldade que você conseguiu superar até aqui. Já que descobrimos um modo de superar essas dificuldades, certamente conseguiremos encontrar novas saídas, sejam quais forem as circunstâncias que o futuro possa nos apresentar.

O que dá origem e base para criar essa autoconfiança é o acúmulo de pequenas vitórias e sucessos. Essa é a chave para superar as inseguranças e incertezas que iremos enfrentar no futuro. Nossos sucessos passados podem nos ajudar a resolver nossa atual ansiedade a respeito dos problemas que estão nos fazendo sentir inseguros. Do mesmo modo, podemos nos preparar e nos fortalecer contra as nossas inseguranças futuras construindo situações em que podemos obter pequenos sucessos no presente. Assim, a cada avanço que você conseguir, procure reconhecer e valorizar o progresso que fez.

Conforme vamos acumulando pequenos sucessos nos acontecimentos da vida e percebemos isso, construímos resistências contra a ansiedade em relação a um futuro desconhecido. Portanto, a primeira fonte de confiança é despertar para o fato de que conseguimos superar o dia de ontem e o de anteontem; que temos superado diferentes tipos de problema ao longo do ano passado, nos últimos cinco ou dez anos; e que fomos capazes de superar cada uma dessas crises apoiando-nos em nossas capacidades, acreditando em nosso estado mental e muitas vezes com o apoio de nossos amigos e das pessoas à nossa volta.

Experimentar Nossa Natureza Divina

A segunda fonte de autoconfiança é adquirir consciência da existência de nossa natureza divina — uma firme convicção de que somos filhos de Deus ou filhos de Buda. Tornamo-nos mais confiantes quando sentimos de verdade nossa existência como filhos de Deus.

Quando reflito sobre a minha vida, vejo como essa compreensão se tornou o alicerce da minha confiança.

Em 1981, passei por experiências que comprovaram para mim a existência do mundo espiritual. Tais experiências foram a origem da minha firme convicção de que sou filho de Deus, e essa convicção me deu confiança e me fez capaz de desenvolver uma mente inabalável que permaneceu imperturbável mesmo quando eu atravessava uma série de situações difíceis como membro da sociedade.

Muitos dos leitores que escolheram ler este livro provavelmente acreditam que são filhos de Deus, ou filhos de Buda, mas, mesmo assim, resta sempre uma fina camada de dúvida até que o indivíduo tenha uma experiência direta disso. E a meditação é uma maneira de eliminar essa dúvida. Por meio da prática da meditação, concentramos a mente de uma maneira que nos permite experimentar diretamente a verdade de nossa existência espiritual como filhos de Deus.

A prática da meditação que eu recomendo não é algo que requer que você se retire para uma caverna; em vez disso, é um método prático que você pode aplicar na sua vida diária. Essa prática irá ajudá-lo a desenvolver uma mente inabalável e a superar quaisquer ansiedades acerca do futuro.

Em resumo, existem basicamente duas maneiras pelas quais podemos aumentar nossa autoconfiança e superar a ansiedade em relação a um futuro desconhecido: acumular pequenas vitórias e obter a consciência de que somos filhos de Deus.

Para que se possa acumular pequenos sucessos, isso irá exigir de nós a aquisição e melhoria de habilidades, conhecimento e know-how apropriados para a vida neste mundo. Embora essa seja uma maneira de adquirir confiança, o que eu gostaria de enfatizar do meu ponto de vista como Mestre espiritual é a importância de desenvolver a consciência da Verdade de que você é filho de Deus ou filho de Buda. Essa consciência ou convicção é a chave de uma meditação bem-sucedida, algo que visa fortalecer gradualmente a capacidade de sua mente de permanecer inabalável em sua vida diária dentro dessa sociedade frenética.

4

O Propósito da Meditação

A ioga e o zen tornaram-se bastante populares hoje, e essa tendência pode ser uma das razões pelas quais você decidiu ler este livro. Muitas pessoas creem que a prática da meditação irá introduzir valores espirituais em sua vida. Algumas podem ter decidido começar a meditar simplesmente por intuírem ser uma prática que vale a pena adotar. E outras talvez tenham começado a meditar achando que isso de algum modo vai ajudá-las a resolver seus problemas.

Então, qual é a essência da meditação, e o que ocorre exatamente quando a praticamos? Com que propósito se deve praticar a meditação? Eu gostaria de aproveitar essa oportunidade para responder a essas questões.

A palavra japonesa para meditação *meiso* significa literalmente "fechar os olhos e pensar". A primeira parte, *mei*, quer dizer "fechar os olhos"; a segunda significa "pensar". Essa palavra descreve com precisão como devemos praticar a meditação.

Por que devemos fechar os olhos? O propósito de fechar os olhos é se isolar do mundo exterior ou do mundo material tridimensional em que vivemos. Fechar os olhos nos desconecta das vibrações mundanas deste mundo físico e, ao mesmo tempo, faz com que interrompamos as influências vibratórias do mundo material. A primeira coisa a fazer ao começar a meditar é nos isolarmos de todas as influências externas.

E quanto à segunda parte da palavra para meditação que significa "pensar"? Pensar, neste caso, não se refere simplesmente aos pensamentos que passam pela nossa mente ao longo do dia. Esses pensamentos entram e saem de nossa mente como as ondas que rebentam na praia. O tipo de pensamento que precisamos ter durante a meditação é um pouco mais profundo. Envolve ir se aprofudando no interior da mente até atingir o nível do subconsciente.

Pensar é um ato de criação. Quando aprofundamos o nível de nosso pensar, os pensamentos se tornam a nossa vontade. A vontade possui uma força que atua no mundo material. Os pensamentos não são tão concentrados quanto a vontade, portanto não têm poder material. Um pensamento é uma ideia em uma direção particular e um objetivo específico, que faz sentido dentro de certa gama de possibilidades. Embora os pensamentos sejam mais abstratos do que a vontade, eles muitas vezes têm uma história e sequência lógica, tornando-se consistentes e estruturados. Esse é o tipo de pensamento que queremos praticar na meditação.

A meditação, portanto, envolve bloquear as influências materiais deste mundo e explorar o "eu interior". Quando meditamos, puxamos as cortinas e fechamos as janelas para o mundo exterior, de modo que possamos contemplar as diversas possibilidades da nossa mente.

Nesse sentido, não importa em que lugar você medita. Quer você se retire para as montanhas, vá para uma caverna ou permaneça na cidade, a meditação começa no momento em que você consegue bloquear as vibrações mundanas e fica face a face com o seu "eu interior". Explorar o "eu" dessa maneira é a forma de meditar.

Podemos nos referir à meditação usando a palavra sânscrita *dhyana* (*zenjo*, em japonês). Esse termo é utilizado no budismo e se refere a um tipo mais específico de meditação. *Dhyana* coloca maior ênfase na concentração mental. E, nesse sentido, podemos entender *dhyana* como a prática de se desconectar das influências e apegos deste mundo — todos os elementos não essenciais que impedem a manifestação da nossa natureza búdica, nosso eu verdadeiro — e erguer um pilar no centro da mente que nos conecte diretamente com Deus ou com Buda. A meditação em geral tem por objetivo explorar as diversas possibilidades e a criatividade da mente, e *dhyana* é uma das formas de fazer isso — um tipo de meditação.

A meditação nos permite explorar de que maneira podemos trabalhar a mente para concretizar um objetivo em particular. Um aspecto ativo da meditação é libertar o potencial criativo da mente. Podemos usá-la para buscar ativamente nossa visão e nosso aprimoramento, enquanto procuramos tornar nossos sonhos realidade. Nas próximas seções, eu gostaria de discutir a essência de algumas das práticas básicas de meditação que permitem expandir as possibilidades de nossa mente.

5

Meditação para a Espontaneidade:

Encontre o Verdadeiro Eu no Fluxo Livre da Natureza

A primeira meditação que gostaria de discutir é a meditação para a espontaneidade — utilizada para abandonar os apegos, a resistência e a preocupação com as dificuldades e aceitar as coisas naturalmente como são. Ela nos ajuda a desenvolver uma mente aberta e desprendida, deixando tudo fluir natural e livremente, como as nuvens do céu ou as águas de um riacho.

Muitas vezes, a mente fica presa a vários pensamentos e emoções que tornam tudo mais complicado do que precisaria ser. A maioria de nós gasta o tempo todo pensando em como desfazer o emaranhado de pensamentos e emoções que nós mesmos criamos.

Imagine um riacho fluindo. Quando no meio dele surge alguma estaca, ali vão ficando presos pedaços de galhos, folhas mortas e outros detritos, e aos poucos isso vai obstruindo o fluxo da correnteza. Podemos pensar em várias maneiras de fazer a correnteza voltar a fluir livremente. A solução mais correta seria remover a estaca, de modo que ela não acumulasse mais detritos. Mas algumas pessoas tentam realizar uma abordagem oposta e inventam outros métodos bem mais complicados. Por exemplo, aumentar o volume de água para que ele faça escoar os detritos. Ou sugerir mudar o curso do riacho ou mesmo dragá-lo para se livrar dos detritos. Porém, no final, o jeito mais fácil é retirar a estaca, para que os detritos não fiquem mais presos nela, bloqueando o fluxo da correnteza. Isso significa que, em vez de pensar em como lidar com os detritos, deveríamos pensar, em primeiro lugar, em evitar retê-los e acumulá-los.

Da mesma maneira, é importante manter um estado mental que flua livremente todos os dias. Como podemos alcançar um estado de liberdade, como o de um riacho que flui desimpedido? Fazemos isso primeiro refletindo sobre o que pode estar criando os obstáculos e a impaciência na nossa mente. Ao analisar bem, veremos que as raízes desses obstáculos têm origem em nossos próprios sentimentos de frustração. É a nossa insatisfação com o estado do nosso "eu" atual — em relação ao nosso desempenho ou às nossas realizações no trabalho, à valorização ou ao reconhecimento que os outros dão ao nosso trabalho, ou à nossa renda ou posição em determinada organização. Quando não conseguimos alcançar aquilo que acreditamos que nos caberia, criamos obstáculos que limitam a liberdade da mente.

A meditação para a espontaneidade permite que você se torne quem é, de modo natural e livre, sem fantasiar. Ela nos lembra de que nós, seres humanos, somos lindos e preciosos exatamente do jeito que somos. Essa prática nos faz readquirir a consciência do valor essencial da nossa existência. Não precisamos fazer nada extraordinário para provar que somos grandiosos. Nós brilhamos de uma maneira maravilhosa simplesmente sendo como somos, brilhamos como seres humanos, como filhos de Deus. O sofrimento surge quando nos esquecemos disso.

Nosso sofrimento surge por causa da diferença entre a nossa meta desejada e a nossa realidade presente. Ficamos impacientes e irritados quando sentimos que merecemos mais do que temos, e nos sentimos aflitos quando, apesar de tentar, não conseguimos o que queremos. Podemos estar criando nossos próprios problemas. Portanto, temos de verificar se nossos sofrimentos não estão enraizados em uma concepção errada sobre nosso verdadeiro eu. Esse é o ensinamento taoista da "espontaneidade incondicional" para descobrir o nosso eu original.

Quando descobrimos o verdadeiro valor da nossa mente, veremos que não estamos aprisionados em um lugar do qual sentimos que precisamos escapar. Descobrimos nosso eu brilhante, como um diamante, exatamente no lugar onde estamos neste exato momento. Mas é muito comum perdermos de vista nossa natureza de diamante e, em vez disso, colocar o foco na sujeira e na poeira acumulada na sua superfície. Precisamos saber o que é mais importante. Quando compreendemos que, na nossa natureza original, o eu está brilhando como um diamante, a sujeira ou poeira da superfície vira algo tão irrelevante que pode ser soprada por uma lufada de vento. Cedo ou tarde, ela será removida. Por isso, reflita sobre aquilo que o faz se sentir ansioso e impaciente. Concentre-se em expandir sua mente e confie mais em quem você é, exatamente do jeito que é.

Quando criamos nossa própria imagem do que queremos ser, muitas vezes buscamos aquilo que as outras pessoas à nossa volta acham ser o ideal, e não aquilo que irá iluminar e maximizar nosso verdadeiro potencial. Ficamos correndo atrás dos ideais dos outros e com frequência nos sentimos frustrados e reclamamos quando esses ideais não nos fazem felizes.

Podemos encontrar nosso eu ideal, ou como deveríamos ser, observando a mãe natureza. O taoismo ensina que devemos olhar para a mãe natureza quando perdemos de vista nossa natureza verdadeira.

A natureza não tenta se embelezar. Os rios continuam sempre fluindo. Os campos se estendem diante de nossos olhos. As árvores continuam crescendo. As aves voam livres pelo céu. Os peixes saltitam na água. Eles se envolvem com a vida do jeito que ela é, sem nada que os prenda.

Na mãe natureza, vemos que todas as plantas vivem nas circunstâncias que lhes são dadas. Uma violeta não pede nenhuma explicação sobre sua cor ou forma, nem diz que gostaria de ser uma dália ou uma tulipa; ela simplesmente floresce com uma beleza radiante e destemida. Será que nós, humanos, não nos sentimos envergonhados ao comparar sua maneira de viver com a nossa?

Essa filosofia do taoismo é, com certeza, uma maneira de descobrir nosso verdadeiro eu. Podemos encontrar nosso eu ideal como filhos de Deus, como criações de Deus, na natureza. Todas as coisas na natureza incorporam os ideais de Deus simplesmente do jeito que elas são, então por que nós, humanos, criamos o próprio sofrimento achando que precisamos nos embelezar para satisfazer falsos ideais? Talvez isso venha do nosso exagerado senso de superioridade como seres humanos. O taoismo ensina que precisamos nos libertar dessa ilusão.

Essa perspectiva ampla sem dúvida nos ajuda a examinar a verdadeira natureza dos seres humanos, mas não cobre todos os aspectos da vida humana. Se o caminho da natureza fosse a única maneira de se viver, não nos restariam atividades humanas. A perspectiva taoista não é suficiente para esclarecer por que determinadas civilizações antigas floresceram ou por que a raça humana tem se esforçado para progredir ao longo da história.

O sofrimento humano pode parecer pequeno aos olhos da natureza, mas o ato de libertar a mente das correntes que a prendem é algo de valor inestimável. A meditação é uma grande ferramenta por permitir isso. Por meio da prática da meditação para a espontaneidade, podemos refletir a respeito do que é que nos prende.

Meditação para Tornar-se
Uno com a Natureza

Quando foi a última vez que você olhou para o céu e ficou observando as nuvens flutuando? Qual foi a última vez que desfrutou da alegria de ouvir o murmúrio de um riacho?

Se você mora numa cidade grande, talvez já faça anos desde a última vez em que reservou um tempo para ficar olhando o céu ou para sentar perto de um riacho. É muito frequente perdermos de vista essa satisfação interior, sem sequer perceber o que estamos perdendo com isso.

A serenidade da mente pode ser alcançada vivendo livremente e com naturalidade, como as nuvens que flutuam no céu ou a água que corre por um riacho.

TENTE A PRÁTICA A SEGUIR.

Tornar-se as Nuvens Que Flutuam no Céu

♦ Cultive um coração livre como as nuvens que flutuam no céu. Visualize-se como um eu abundante e natural, sem quaisquer problemas ou situações que perturbem sua mente.

♦ Na sua meditação, imagine-se flutuando como se fosse uma nuvem. As nuvens no céu não precisam seguir um destino. Elas se movem livremente para onde quer que a brisa as leve sob a luz do sol.

♦ Torne-se como as nuvens de um céu de outono. Veja-se como as nuvens abundantes e abrangentes que, flutuando de maneira lenta e suave, vão envolvendo gentilmente tudo à sua volta. Você não guarda ressentimentos, nem ódio, nem raiva, nem queixa ou qualquer apego.

* * * * *

Esse é o estado mental puro que os humanos tinham originalmente. Recuperá-lo é tudo o que precisamos fazer para retornar ao mundo celestial.

Tornar-se um Riacho

♦ Agora, visualize um riacho com a água fluindo. Imagine-se virando a água desse riacho, misturando-se com o seu murmúrio e fluindo correnteza abaixo. Deixe-se fluir de maneira livre, natural, pura e espontânea.

♦ Um riacho não tenta controlar a velocidade da água. Ele acelera quando a água passa por pontos mais estreitos, pelas corredeiras ou pelas partes rasas, e vai mais devagar quando desemboca num grande rio.

♦ Como riacho, você abriga uma variedade de plantas e animais aquáticos, e sente o ritmo da vida deles dentro de você.

♦ Você simplesmente flui com a mente pura, imaculada, livre e desapegada. Você segue fluindo de maneira abundante, sem estratégias, sem amarras e sem preocupações.

♦ Imagine-se sem quaisquer algemas ou correntes que possam prendê-lo. Tudo o que você precisa fazer é se imaginar fluindo continuamente.

Tornar-se uma Brisa Refrescante

♦ Agora, você é uma brisa refrescante de primavera que carrega o doce aroma da azaleia, soprando mundo afora.

♦ Quando você passa, as azaleias lhe sorriem, expressando sua alegria ao sentirem a brisa.

♦ Quando você sopra, o aroma chega às pessoas, e surge um sorriso no rosto delas. Você é a brisa que carrega a fragrância de riqueza e o aroma de nobreza pelo mundo afora.

* * * * *

Mesmo que não possamos viver na natureza, podemos ainda assim treinar nossa mente para experimentar a maravilha da natureza. Torne-se uma nuvem na meditação das nuvens que flutuam, água na meditação do riacho corrente, e vento na meditação da brisa de primavera.

Você irá descobrir um mundo maravilhoso que nunca imaginou que existisse e sentir a liberdade da sua alma. Irá recuperar seu eu original, verdadeiro, sem estar preso a nada, e experimentará a felicidade que dura para sempre.

6

Meditação para Sentir o Coração Satisfeito:

Descobrir Nossas Bênçãos

Um boa maneira de remover obstáculos mentais é executar a meditação para desenvolver a consciência de satisfação. Esse tipo de prática ajuda a examinar nossas circunstâncias presentes para ver se estamos reconhecendo as bênçãos que temos recebido, em vez de considerá-las apenas como algo normal. Nós, seres humanos, somos abençoados de muitas formas. Se você fizer um retrospecto da sua vida desde a infância, descobrirá muitas bênçãos.

Mas o objetivo não é comparar nossas bênçãos e nossa felicidade com as dos outros; por isso, sem um método definido, que pode variar de uma pessoa para outra, cada um deve avaliar e tentar perceber o significado de tudo o que tem recebido em cada dia de sua vida. Por exemplo, você se sente abençoado por estar lendo este livro neste momento? Se você não dá muita importância à oportunidade que está tendo de entrar em contato com este livro, então essa oportunidade será algo de fato insignificante. Porém, em vez disso, você pode considerar que ler um livro como este para aprender as Verdades espirituais é uma oportunidade absolutamente única, e que vale mais do que possuir um status social elevado, como afirmou o monge budista chinês Huiguo[2].

Quando refletimos sobre a nossa situação presente pela perspectiva da satisfação que sentimos em nosso coração, podemos perceber que descobrir e viver no mundo da Verdade é tudo o que precisamos para encontrar a verdadeira felicidade. Pergunte a si mesmo: "Por que desejo ter uma boa reputação? Por que razão sinto necessidade de ter status ou prestígio? Por que desejo ser respeitado? Por que quero dar a impressão de que sou uma pessoa bem-sucedida? Por que motivo sinto vontade de receber

---

[2] Huiguo (746-805) foi um monge budista chinês que estudou a tradição Vajrayana trazida da Índia. Foi mestre de Kūkai, fundador do budismo Shingon, importante escola budista japonesa. (N. do E.)

elogios de meus amigos, do meu patrão e dos colegas de trabalho?".

Muitas pessoas ficam satisfeitas somente quando conseguem tudo o que almejam. Elas querem adquirir toda e qualquer coisa que seja considerada de valor neste mundo. Mas devemos ter consciência de que há um modo de vida oposto: isto é, aquele que consiste em descobrir tudo em uma coisa só. Enquanto alguns dizem que só conheceremos o mundo criado por Deus se viajarmos a cada canto do globo, há outros, como o poeta William Blake, que conseguiam enxergar o mundo de Deus em uma simples flor. Esse não é um privilégio exclusivo de pessoas especiais como ele; cada um de nós é abençoado com a capacidade de descobrir esses valores por si próprio. Por meio do esforço para desenvolver um coração satisfeito, podemos encontrar as coisas que têm valor absoluto.

É comum não percebermos o que tem verdadeiro valor quando ficamos preocupados demais com aquilo que queremos alcançar ou ganhar neste mundo. Quando você encontra a Verdade e começa a aprendê-la, questões triviais – como o fato de ser promovido um ano antes ou depois de seus colegas – passam a não ter muita importância. Se você tem receio de que o aprendizado da Verdade possa atrapalhar seu caminho para obter uma boa posição profissional, então isso talvez signifique apenas que sua compreensão da Verdade ainda não é profunda o suficiente.

Desenvolver um coração satisfeito é descobrir que tudo se resume a uma única coisa. É ser capaz de encontrar a felicidade e o verdadeiro valor no mundo que Deus criou, expandindo-os para todos os aspectos de nossa vida.

Ter um coração satisfeito não significa se conformar com menos coisas do que estamos precisando ou sermos moderados naquilo que buscamos. Significa encontrar um caminho para Deus em tudo o que existe no mundo. Assim, é importante perceber a grandeza e a glória de Deus em tudo aquilo que nos tem sido dado.

Em vez de procurar obter ganhos com o que está fora de você, olhe dentro de seu coração. Então, irá encontrar em você algo que é muito amado por Deus. Desenvolva a fé e o amor completo a essa sua amada parte. Isso irá levá-lo a ter um coração satisfeito.

Contemplação para Desenvolver um Coração Satisfeito

1. Sente-se em uma posição confortável.

2. Procure manter a coluna ereta.

3. Harmonize sua respiração.

4. Junte as mãos em oração, no centro do peito.

5. Focalize sua mente no centro do seu corpo, onde suas mãos estão juntas em oração.

6. Faça várias respirações profundas.

7. Pense nas questões a seguir.

♦ *Você sente alguma insatisfação que tenha origem em desejos que não consegue satisfazer? Que coisas você está querendo e o que está impedindo que você as consiga?*

....
....
....
....
....
....
....
....
....
....
....
....
....

♦ *Descubra a causa de sua frustração ou insatisfação perguntando a si mesmo por que se sente da maneira que se sente.*

♦ *Pense no que deixava você feliz e animado quando era criança. Tente se lembrar de coisas que tocaram seu coração.*

♦ *Tente encontrar felicidade nas pequenas coisas – por exemplo, no fato de você estar vivo hoje, de estar saudável ou de ter uma família.*

Dicas para Sentir um Coração Satisfeito

▶ Não busque mais reconhecimento por aquilo que realmente tem feito pelos outros ou pelo qual tem trabalhado. Quando recebemos mais reconhecimento do que nos cabe pelo esforço feito, começa a surgir dentro nós um coração arrogante que nos leva para uma direção equivocada.

▶ Quando você trabalha arduamente para atingir uma meta, uma forma de sentir o coração satisfeito e feliz é aprender a se contentar com 10% de retorno de todo o esforço que fez. Dessa forma, poderá se sentir grato e feliz porque estará oferecendo os 90% restantes do seu trabalho para Deus. É importante perceber que não estamos contribuindo com nada para o mundo de Deus se recebemos 100% de retorno pelo esforço que fizemos.

7

Meditação para a Harmonia nos Relacionamentos:

Cultivar a Compreensão

Existem coisas sobre as quais não temos controle total, entre elas os sentimentos e os pensamentos dos outros. Quando estou diante de uma plateia, consigo influenciá-la até certo ponto, porém não posso obrigar as pessoas a mudar o que pensam e como se sentem. Não temos o controle do que os outros pensam ao longo do dia. Podemos apenas ser capazes de exercer um impacto na vida dos outros, isso é tudo o que conseguimos.

Cada um de nós possui um reino dentro da mente. Somos o único senhor deste reino, e ninguém mais pode controlá-lo. Nossa capacidade de assumir o controle do reino em nosso interior é algo de fato muito valioso, mas, ao mesmo tempo, às vezes sofremos quando nos sentimos incapazes de controlar o reino dentro da mente das outras pessoas.

Com frequência, a raiz dos nossos sofrimentos está na existência de outras pessoas. Era isso o que afirmava o monge budista Nichiren. Se vivêssemos completamente sozinhos, não teríamos a maioria das aflições que experimentamos na vida.

Lendo tal afirmação, você pode pensar: "Então bastaria simplesmente ficar longe das outras pessoas". No entanto, se fizer isso não haverá crescimento espiritual para a nossa alma. A existência dos outros é um elemento crucial para o desenvolvimento da nossa alma. Porém com isso vêm as aflições e os sofrimentos. Portanto, as relações humanas possuem não apenas aspectos positivos, mas também negativos.

Dessa forma, para poder melhorar nossos relacionamentos é preciso mudar nosso ponto de vista e olhar para o lado positivo da existência de outras pessoas. Por exemplo, se alguém o critica, isso pode causar um choque, mas você pode, mesmo assim, se beneficiar dessa experiência. No mínimo, ela mexe com seus brios. E também mostra que você não é perfeito, portanto a crítica pode ajudar a desenvolver sua humildade e perceber algo em sua personalidade que você vem resistindo a enxergar.

Outro aspecto a considerar também é que precisamos aprender a ver os outros da maneira correta, e ao mesmo tempo ter uma percepção acurada de como os outros nos veem. Assim, como devemos ver os outros? De uma forma calma e objetiva.

Procure refletir sobre as seguintes questões: "Por que a outra pessoa está trazendo essa discórdia ao nosso relacionamento? Por que ela continua fazendo ou dizendo tudo o que eu não gosto?".

Quando você começar a ponderar essas questões, irá descobrir que ainda não possui uma boa compreensão da outra pessoa. Você pode achar que não é compreendido, mas também terá de admitir que não tem uma compreensão completa da outra pessoa.

Em geral, não pensamos no fato de que não compreendemos bem os outros, e, em vez disso, colocamos o foco na falta de compreensão que os outros têm para conosco. Você pode sentir que os outros compreendem apenas 10% de quem você é. Ou achar que a compreensão que as pessoas têm de você corresponde a apenas 50%. Mas você é capaz de dizer o quanto compreende os outros? Será que você compreende 100% as outras pessoas? Ou talvez seja apenas 50%? Com toda a certeza, será muito difícil dar uma resposta exata a essas questões.

Pense em um relacionamento seu que tenha se tornado difícil. Se você refletir em profundidade a respeito dele, descobrirá que você e a outra pessoa na realidade não entendem bem um ao outro. E que essa falta de compreensão entre vocês não ocorre apenas por culpa da outra pessoa; você também é em parte responsável por isso.

No mínimo, se você despertar para o fato de que não compreende por completo a outra pessoa, então não deve esperar que ela o compreenda totalmente. Esse deve ser o primeiro fundamento para encarar um relacionamento. Do mesmo modo que há certos aspectos seus que os outros não conseguem ver, há muitas coisas a respeito da outra pessoa às quais você não tem acesso.

Não podemos avaliar sempre os outros por padrões iguais aos que usamos para julgar a nós mesmos. As outras pessoas podem parecer imperfeitas aos nossos olhos, mas a verdade é que nós também parecemos imperfeitos aos olhos delas. Talvez exista alguém que você julgue ser a pior pessoa viva deste mundo, mas saiba que nem todos pensam a mesma coisa em relação a ela. Algumas pessoas podem até se dar muito bem com ela, porque talvez vejam valor nessa pessoa pela qual você nutre algum ressentimento.

Se você está lendo este livro, provavelmente possui interesse por Verdades espirituais. Nesse sentido, é um buscador da Verdade e pode muito bem ter uma alma espiritualmente avançada. Quando vê bandidos ou mendigos, talvez sinta pena deles por terem tomado um caminho errado na vida. E, de fato, eles podem ter tomado um caminho equivocado na vida, mas também pode ser verdade que você, na realidade, tampouco consiga ver qualquer bondade neles.

Talvez seja difícil para você enxergar qualidades positivas em um mendigo ou bandido, mas mendigos e bandidos podem ver bondade uns nos outros. Alguns mendigos são tidos em maior consideração do que outros. Há mendigos cuja personalidade magnética faz com que conquistem o respeito dos outros. Alguns deles podem ser bem-vistos porque prestam muita atenção às opiniões dos outros. E provavelmente certos mendigos têm boas razões para mendigar.

De modo similar, há bandidos que cuidam bem de seus pares. Alguns são respeitados por seu afeto paternal em relação aos mais novos podem lhes dar conselhos e até arriscar a própria vida para salvá-los. São capazes de enxergar a bondade dentro de seu próprio mundo. E, de fato, pode haver pessoas realmente boas entre eles. Porém, com frequência, nosso pressuposto é de que todos eles estão completamente errados, que estão totalmente desencaminhados e que a mente deles está distorcida e isso é irreversível.

Estou agora em uma posição que me permite ensinar Verdades espirituais; no entanto, vamos supor que eu não consiga enxergar bondade nos mendigos A e B, mas que o mendigo C consiga ver isso neles, ou até em mim. Nesse caso, eu serei alguém inferior ao mendigo C a esse respeito, e de certa forma é necessário que eu faça uma profunda reflexão sobre isso e tente descobrir por que não consigo enxergar bondade neles.

Como ficou claro nesse exemplo, há muitas maneiras de enxergar os outros. Com frequência, sem perceber há em você um sentimento que o faz se julgar melhor ou com mais conhecimento que os outros e que o leva a desenvolver um coração incapaz de perdoar.

Por outro lado, podemos desenvolver a capacidade de perdoar ao compreendermos tudo a respeito dos outros e desenvolvermos tolerância ao reconhecer que nem sempre temos uma compreensão completa dos outros. Quando adotarmos esse ponto de vista, conseguiremos harmonizar nossos relacionamentos com os outros.

As outras pessoas são obras-primas únicas criadas por Deus. Considere, por exemplo, um pintor famoso. As pessoas têm diferentes opiniões a respeito dele. Algumas podem adorá-lo, outras talvez o detestem. Pode ser quer você prefira algumas de suas pinturas e não goste de outras, embora sejam todas obras do mesmo pintor. Mesmo assim, cada obra brilha com seu valor e sua beleza únicos. Se você não gosta de determinada pintura, não é necessariamente culpa do pintor; pode ser apenas que você não tenha olhos para apreciar sua beleza. Com essa perspectiva em mente, você não pode mais afirmar que um pintor não tem valor simplesmente porque você não gosta dele.

Ter compreensão por valores diferentes é a base da tolerância e do perdão.

Algumas pessoas não perdoam os erros dos outros porque estão em dúvida ou apenas se sentem indiferentes em relação a isso. Elas podem parecer pessoas com capacidade de perdoar, mas a atitude delas é de natureza diferente daquela que poderiam cultivar caso reconhecessem que não sabem tudo a respeito dos outros e buscassem compreendê-los melhor.

Visualizar a Harmonia do
Relacionamento

Ter uma conversa com alguém com quem você está tendo problemas pode ser bastante difícil. Por isso, inicie o diálogo primeiro na sua mente e, ao mesmo tempo, alimente o desejo de tornar esse diálogo uma realidade.

Essa é uma prática muito eficiente, e qualquer um pode utilizá-la para melhorar seus relacionamentos.

Tente praticar essa visualização de dez a quinze minutos todos os dias. Com isso, vai chegar um momento em que, de repente, você será capaz de restaurar e harmonizar sua relação com aquela pessoa.

TENTE A PRÁTICA A SEGUIR.

♦ *Visualize alguém com quem você está tendo dificuldades e tente harmonizar o relacionamento na sua mente. Pense em palavras positivas que você pode dizer a essa pessoa; você pode dizê-las até em voz alta.*

- *Relaxe sua mente e visualize a vida de vocês melhorando cada vez mais. Imagine que a sua relação com a pessoa está ficando cada vez melhor. Essa é uma prática espiritual que está ao seu alcance para ajudar a melhorar seu relacionamento.*

Meditar sobre um relacionamento harmonizado é, na realidade, manter um diálogo com o espírito guardião da pessoa com a qual você está tendo o problema.

Seus pensamentos irão realmente chegar à pessoa por meio do espírito guardião dela. Os espíritos guardiões recebem os pensamentos que enviamos às pessoas que eles protegem, e tentam lhes dar orientação adequada.

Também podemos harmonizar os relacionamentos com os outros fazendo uma visualização bem vívida, todos os dias, sobre formas pelas quais as pessoas podem melhorar sua vida e se tornar cada vez mais felizes.

* * * * *

8

Meditação da Autorrealização:

Realizar os Ideais de Deus

A meditação da autorrealização contribui para o nosso aprimoramento e para que façamos progressos na vida. Esse tipo de meditação também pode ser a base para se criar uma vida repleta de felicidade. Porém, ao praticarmos a meditação da autorrealização e do autodesenvolvimento, seja para concretizar um desejo, seja para obter sucesso, devemos certificar-nos de estar com a motivação e a meta corretas, e de que não estamos tomando como ponto de partida um aspecto equivocado, ou enveredando por um caminho errado.

Já ensinei em outras ocasiões que a autorrealização não deve ter como objetivo simplesmente satisfazer seus desejos pessoais ou alcançar sucesso mundano. Tampouco deve tratar apenas de aproveitar o seu talento ou suas capacidades da melhor maneira possível. A autorrealização também deve nos aproximar do ideal de Deus.

Vamos ver um exemplo simples. Suponha que você sonha em se tornar um excelente palestrante sobre assuntos espirituais que consiga atrair uma grande plateia. Para isso, você precisa se expressar bem ao falar, possuir muitas experiências de vida para compartilhar e sentir confiança de que pode dar uma boa palestra sobre as Verdades espirituais durante uma ou duas horas.

Essa pode ser sua meta para alcançar a autorrealização, mas você precisa perguntar se isso irá contribuir para a autorrealização das pessoas que ouvirão sua palestra. Embora suas palavras possam parecer impressionantes para aqueles que estão tendo um primeiro contato com as Verdades, se o seu objetivo é dar uma palestra para um grupo de pessoas dedicadas ao estudo das Verdades, você talvez ainda não esteja qualificado ou não tenha acumulado conhecimentos suficientes para ensinar. Precisamos ser capazes de avaliar se estamos preparados para concretizar o que idealizamos a fim de evitar escolher um caminho errado na vida.

Enfrentamos situações similares em diversos contextos. Vamos supor que você se disponha a ser voluntário em um evento de um seminário. Nesses eventos, há várias tarefas para voluntários, como vender livros, trabalhar na recepção, na segurança, na garagem, na organização ou no controle do som e do vídeo. Digamos que sua vontade seja atuar como voluntário na recepção, onde os outros poderiam vê-lo, mas para sua decepção lhe foi atribuído um serviço na segurança, atrás do palco. Talvez você ache que é mais adequado para ficar na recepção porque você é bom em lidar com o público, porém não foi para essa tarefa que o destinaram dessa vez.

Isso talvez pareça algo trivial, mas pode deixá-lo frustrado. Em situações como essa, precisamos lembrar a nós mesmos que não devemos deixar que nossas pequenas metas pessoais limitem nosso ponto de vista. Lembre-se: estamos almejando um ideal bem maior – o de Deus – e somos voluntários a serviço de Deus. Nossa meta, afinal, deveria ser realizar os ideais de Deus, e não satisfazer nossos desejos pessoais.

Quando você participa de um movimento religioso ou espiritual com uma perspectiva equivocada, pode se ver querendo obter alguma vantagem do movimento para sua autorrealização, ou desejando se destacar e ter sucesso neste mundo. Os buscadores da Verdade, por exemplo, muitas vezes têm o forte desejo de se tornarem anjos de luz. Eles com frequência entram em organizações religiosas ou espirituais com a expectativa de que alguém possa ver a luz de Deus emanando deles e reconhecer que são realmente anjos na Terra. Mas é uma estreiteza mental achar que isso é tudo o que você precisa para viver uma vida de felicidade.

A base de sua autorrealização deve ser uma boa compreensão daquilo que você é capaz de fazer, como voluntário de Deus, para ajudar a realizar os altos ideais divinos na Terra. Claro, eu também tenho metas pessoais que gostaria de alcançar, mas sempre me pergunto se minhas decisões e ações estão voltadas para servir a Deus. Se perdermos essa perspectiva, tomaremos o caminho errado. Embora isso possa soar um pouco rude, no momento em que você procura a autorrealização apenas para obter alguma vantagem pessoal ou para se mostrar superior aos outros ou melhor que eles, o seu crescimento espiritual é interrompido, e você está a apenas um passo de cair do alto de um penhasco.

Nunca é demais ressaltar a importância da compreensão do verdadeiro propósito da autorrealização. Na realidade, a autorrealização no seu sentido verdadeiro não é exequível a não ser que esteja de acordo com a vontade de Deus. Deus criou tudo neste mundo. Criou o grande universo, onde nosso planeta Terra existe. Você nasceu em um dos países deste planeta comparativamente pequeno. E agora vive em uma das cidades desse país e está lendo este livro em um pequeno canto dessa cidade. Lembre-se sempre do lugar que você ocupa em relação ao grande esquema universal da existência. Não esqueça que agora você está andando pela mão do Todo-Poderoso Deus. Não fique vagando à toa; em vez disso, esforce-se para trabalhar a fim de concretizar a vontade de Deus.

Chaves para a Meditação da Autorrealização

1. **Trazer Felicidade às Pessoas ao Seu Redor**
   Nós experimentamos a verdadeira alegria quando outras pessoas se alegram com o nosso sucesso. Quando você visualizar seus desejos sendo realizados, imagine primeiro de que modo seu sucesso trará felicidade àqueles que o ajudaram a realizar seu sonho.

2. **Aprimorar Seu Caráter**
   Pense se sua autorrealização irá contribuir para o seu crescimento interior. Ela não deve servir apenas para satisfazer nossos desejos pessoais, mas também para aprimorar nosso caráter, de modo que sejamos cada vez mais capazes de ajudar e guiar muitas pessoas a trilharem o caminho da felicidade e do bem.

3. **Estar a Serviço de Deus**
   Quando compreendemos que, em última instância, estamos aqui para servir e atender a vontade de Deus, isso nos leva a realizar grandes conquistas. Em sua meditação, visualize-se alcançando esta que é a mais elevada forma de autorrealização – como servidor de Deus.

9

Procure Enxergar a Si Mesmo tanto pela Perspectiva Individual como pela Perspectiva Cósmica

Ao meditar, podemos às vezes sentir nossa consciência se expandir até a escala do grande universo. Mas isso não prova necessariamente a grandeza de nossa alma. Não importa se você tem ou não esse tipo de experiência, nossa missão é nos realizarmos enquanto seres humanos vivendo neste mundo. Cada um de nós tem uma missão única, e nosso destino no outro mundo será determinado pelo grau em que tivermos conseguido desempenhar nosso papel de servir a vontade de Deus.

Infelizmente, muitos espíritos tomaram o caminho errado e acabaram nos mundos infernais por não terem compreendido seu papel neste mundo. Eles cometeram o grave erro de negligenciar seu papel neste jardim em miniatura que Deus criou, deixando que o ego assumisse o controle, como se eles fossem os governantes do universo. Nosso desejo autocentrado de que todos os demais façam as coisas do jeito que queremos é uma atitude que alimenta a arrogância e dá origem a esse erro da mente. Portanto, temos de conhecer nosso lugar como parte do todo, como membros do rebanho. Mas, ao mesmo tempo, precisamos lembrar que, como filhos de Deus, somos seres sagrados, e que existe dentro de cada um de nós uma luz infinita.

Precisamos ver a nós mesmos tanto do ponto de vista maior, universal, quanto por uma perspectiva pequena, individual.

Quando nos sentimos insignificantes, triviais ou sem valor, devemos nos lembrar de nossa magnificência como filhos de Deus. Porém, nas ocasiões em que nos sentirmos orgulhosos de nosso sucesso mundano e acharmos que podemos controlar os outros segundo nossa vontade, temos de compreender o quanto nossa existência é pequena no contexto do grande universo.

Ver-nos por esses dois pontos de vista opostos é essencial para uma visão correta de nossas práticas de introspecção e meditação. A perspectiva pequena nos ajuda a descobrir a luz de Deus brilhando dentro de nós, enquanto o ponto de vista cósmico nos permite compreender a pequenez de nossa existência no vasto panorama do grande universo. Quando conseguirmos fazer um exame em nós mesmos e em nosso modo de vida por essas duas perspectivas, descobriremos a verdadeira essência da meditação.

Capítulo 3

Perguntas e Respostas sobre Meditação

1
Como Meditar Quando Estamos Fatigados

Pergunta:
Quando não estamos nos sentindo bem, é melhor meditar ou evitar essa prática? Que tipo de meditação devemos fazer quando não estamos em boas condições físicas?

Resposta:

Quando você estiver fisicamente exausto, recomendo que primeiro recupere as forças antes de meditar. Se você se sente totalmente exaurido após o trabalho, procure descansar um pouco, relaxe o corpo e tente recarregar sua energia espiritual.

Em geral, quando estamos extremamente cansados, é um sinal de que fomos afetados pelas vibrações mentais pesadas das diferentes pessoas que encontramos durante o dia. Nossa condição física tem muito a ver com nossa exaustão mental. Portanto, tente aliviar seu cansaço antes de meditar.

Se a causa da sua fadiga for insuficiência de sono, procure dormir um pouco. Se você não está dormindo o suficiente nos dias de semana, aproveite o fim de semana para compensar e durma um pouco mais. É muito importante planejar bem as horas de sono e fazer com que isso se torne um hábito. Outra causa de fadiga física é a falta de exercícios. Se você não está acostumado a fazer exercícios, é uma boa ideia começar a habituar de novo seu corpo a atividades físicas regulares.

Nossa condição física causa grande impacto em nossa prática de meditação. Se praticarmos a meditação estando em más condições físicas, podemos acabar recebendo influências negativas de espíritos inferiores. Por isso, recomendo também evitar meditar depois de consumir bebidas alcoólicas.

Com frequência, quando nos sentimos muito cansados, significa que fomos afetados pelas vibrações grosseiras das diferentes pessoas com as quais tivemos contato durante o dia. Passei por esse tipo de problema quando trabalhava em uma empresa de negócios internacionais. Eu ficava exposto a várias energias de pensamento negativas que vinham das pessoas à minha volta no trabalho. Felizmente, não tenho mais esse problema, porque agora vivo em circunstâncias que favorecem muito a meditação, o que me permite manter uma mente inabalável. Quando nossa mente é perturbada por influências externas, não conseguimos nos comunicar com os espíritos celestiais. Com uma mente fora de sintonia, ficamos expostos a atrair espíritos negativos.

No entanto, pode haver momentos em que você sinta que precisa meditar, apesar de não estar em boas condições para isso. Em certas horas, você pode querer meditar mesmo não se sentindo bem, porque não dispõe de nenhum outro momento para fazê-lo. Por exemplo, se você chega em casa tarde todo dia, ao longo do ano todo, será difícil encontrar tempo para meditar. Então, o que fazer quando você não tem como mudar sua condição física, mas mesmo assim quer meditar? Recomendo que sempre inicie praticando o exercício de respiração para acalmar a mente. O exercício de respiração é a maneira mais simples de regular as vibrações mentais. Experimente inspirar e expirar profundamente, e veja se com isso consegue melhorar a concentração de sua mente.

Não há uma postura obrigatória a ser adotada ao meditar. Não precisamos nos sentar de pernas cruzadas, mas devemos fazê-lo mantendo a coluna ereta.

Depois, faça várias inspirações e expirações e veja se com isso se sente recarregado ou sente a energia sendo recarregada em seu interior. Às vezes, só a prática de respiração já é suficiente para que você se livre das vibrações negativas e da fadiga. Ao fazermos inspirações profundas pela boca, conseguimos absorver as diversas energias positivas que fluem do Grande Universo.

Procure respirar usando os músculos da parte inferior do abdome, abaixo do umbigo. O corpo humano possui vários chacras, e o principal fica localizado na área inferior do abdome. A prática da respiração profunda ajudará a regular a energia desse chacra principal, permitindo que você consiga harmonizar as vibrações de sua mente. Por isso, tente recarregar sua energia por meio de respirações profundas, e assim será capaz de receber luz do mundo celestial. Esse exercício simples irá ajudá-lo a alcançar um estado de paz em sua mente.

Você pode fazer essa prática de respiração profunda em qualquer lugar — não apenas na sua casa, mas no trabalho também. Quando perceber que está ficando irritado e com a mente perturbada, procure acalmar sua mente com o simples ato de respirar a partir do seu baixo abdome. Se sentir que está com disposição agressiva em relação a alguém, respire profundamente, mantendo o foco de sua atenção no seu baixo abdome.

Essa atitude vai ajudá-lo a harmonizar sua energia física. Ao fazer isso, você começará a receber luz do seu espírito guardião e dos seus espíritos guias do mundo celestial, e sentirá a luz fluindo para você.

Quanto mais espiritualizado você se tornar, mais receptivo ficará a essa luz. Você será capaz de receber essa luz fluindo pelo topo da cabeça apenas praticando essa respiração profunda. Quando recebe luz divina, você tem uma sensação de calor preenchendo a região que vai do seu peito à barriga. Isso é algo que você pode experimentar simplesmente adotando a prática da respiração profunda.

Portanto, quando não se sentir em boas condições físicas, pratique o exercício da concentração respiratória profunda. Faça isso primeiro e, se tiver vontade de meditar, tente a prática da visualização da lua cheia. Se estiver extremamente exausto, recomendo que se limite a fazer respirações profundas e a visualizar a lua cheia. Com isso, provavelmente não receberá influência de espíritos negativos.

Se o corpo da pessoa começa a tremer muito durante a meditação, isso costuma indicar que ela está sob a influência de um espírito negativo. Esse fenômeno também ocorre quando você está prestes a abrir um canal com o mundo espiritual, mas é raro de acontecer. Se seu corpo começar a balançar demais — para frente e para trás ou de um lado para o outro — recomendo que pare de meditar. Acenda a luz ou vá até um local bem iluminado e pratique sua meditação de olhos abertos. Meditar em um lugar bem iluminado pode ajudar a evitar a intervenção de influências espirituais negativas.

Outra possibilidade seria deixar à mão uma caneta e um caderno para você anotar seus pensamentos. É muito importante experimentar diferentes tipos de meditação, como aquelas que podem ser realizadas de olhos abertos, enquanto vai anotando os pensamentos e inspirações que fluem para si (Ver o Capítulo 2): a contemplação de uma mensagem espiritual, por exemplo aquela oferecida pelo Guia para o Coração[1] de nossa revista mensal; ou buscar desenvolver um coração satisfeito que se contenta com o que tem recebido diariamente, ou a prática de visualizar a harmonia nos relacionamentos pessoais.

Quando você não se sentir bem, sobretudo quando estiver com a mente agitada ou abalada, recomendo que se limite a praticar a meditação reflexiva. Sugiro que, nesses momentos, evite a

---

[1] Trata-se de uma espécie de poema que o autor lança na revista mensal da Happy Science.

meditação da autorrealização, na qual a pessoa procura visualizar metas e sonhos que gostaria de realizar. Se sentir dificuldade em praticar a meditação reflexiva, talvez você está fisicamente exausto; então, nesse caso, seria melhor procurar descansar primeiro.

Nosso corpo e nossa mente são uma unidade, por isso é importante harmonizar os dois. Nem sempre é possível resolver todos os problemas apenas controlando o estado espiritual. Precisamos nos esforçar para melhorar tanto a nossa condição física quanto nosso estado mental. Às vezes, uma alimentação desbalanceada pode ser a causa da fadiga. Para melhorar nossas condições físicas, precisamos ter uma alimentação nutritiva, praticar exercícios regulares e dormir o suficiente para descansar o corpo e a mente. Não é recomendável entrar em um estado de meditação profunda se não estivermos em boas condições físicas. Essa é a minha orientação para aqueles que desejam adotar a meditação como uma prática diária em meio ao moderno estilo de vida agitado.

2
Como Funciona a Visualização

Pergunta:
Tenho dificuldade em visualizar meu desejo. Isso significa que a minha mente está nublada? O que posso fazer para ter uma visão mais clara durante a meditação?

Resposta:

Isso não significa necessariamente que a sua mente esteja nublada. Talvez seu desejo não seja forte ou claro o suficiente. Talvez você precise ter uma visão mais objetiva e nítida do que deseja realizar, mas pode ser também que a sua vontade simplesmente não seja muito intensa. Quando a pessoa realmente quer muito alguma coisa, em geral é capaz de formar uma imagem bem vívida na mente.

Suponha que você é um representante de vendas externo. Seu emprego requer que você dirija um carro para visitar os clientes, mas você não tem carro. Nesse caso, deve ser capaz de visualizar com nitidez o carro que precisa ter. Porém, se você vive numa cidade com um bom sistema de transporte público, talvez não precise de carro para trabalhar. Ainda pode desejar ter um carro, mas não sentirá uma necessidade intensa de possuí-lo, poderá ter apenas uma vaga imagem de ser dono de um carro, e por isso talvez não consiga visualizá-lo com clareza.

Do mesmo modo, se a sua situação requer que tenha uma casa nos subúrbios elegantes da cidade, você deverá ser capaz de visualizar claramente uma casa desse tipo. Mas, se já se sente feliz com a casa onde vive e tem apenas um vago desejo de se mudar algum dia, provavelmente não será capaz de ter uma visão clara da casa que almeja. Portanto, o fato de você conseguir ter ou não uma imagem vívida costuma depender do quanto sua necessidade é intensa. Um desejo forte é uma das chaves de uma visualização bem-sucedida.

Outro ponto que eu gostaria de destacar é que, embora a visualização seja muito popular, ela não é a única maneira de fazer com que seus desejos se concretizem. Por exemplo, muitos dos meus desejos se tornaram realidade sem que eu nunca os tenha visualizado. Eu costumo ter apenas breves pensamentos a respeito daquilo que quero que aconteça, e depois deixo essas ideias de lado. As imagens que surgiram como flashes na minha mente quase sempre se tornaram realidade depois de algum tempo, em geral depois de alguns poucos anos.

O segredo disso é que eu posso me comunicar livremente com meu espírito guardião e meu espírito guia, e eles conhecem todos os meus pensamentos. Toda vez que tenho uma visão, peço a eles que se concretize quando for o momento adequado, e então deixo a ideia de lado até que ela vire realidade.

Se você estabelece esse tipo de conexão com seu espírito guardião e seu espírito guia, não precisa mais ficar visualizando nitidamente seus desejos. No entanto, como são poucas as pessoas que têm essa capacidade espiritual de se comunicar diretamente com seu espírito guardião e seu espírito guia, a alternativa é usar a visualização para fortalecer seu poder mental.

Ao sustentar uma visão forte e clara, você pode imprimir seus ideais de modo profundo em sua mente. É assim que você pode entrar em contato com seu espírito guardião e seu espírito guia e motivá-los para que o ajudem a realizar seu desejo. Uma visão forte e vívida é uma ferramenta que você pode usar para realizar seu desejo, porque, quando levamos a sério um desejo, isso acaba chegando até seu espírito guardião e seu espírito guia.

Para ilustrar, vamos dizer que no seu trabalho exista um projeto do qual você gostaria muito de participar. Se você ficar pedindo ao seu chefe que lhe dê a responsabilidade por esse projeto, é possível que ele concorde. Tenho certeza de que você já teve alguma experiência similar a essa e, no sentido metafórico, é mais ou menos assim que a autovisualização funciona.

Na maioria dos casos, alcançamos a autorrealização quando recebemos orientação espiritual. Portanto, desde que você esteja constantemente em um estado em que consiga receber orientação do mundo espiritual, não precisará ter uma visão clara para alcançar o desejo do seu coração.

Quando você está em sintonia com seu espírito guardião e seu espírito guia, tudo o que precisa fazer é alimentar pensamentos do tipo: "Quero falar em público algum dia. Quero dar palestras", e essas coisas irão se realizar em poucos anos. Alguns anos atrás, pensei comigo: "Um dia eu quero publicar livros baseados nas minhas palestras". Hoje, minhas palestras são publicadas uma atrás da outra. As palestras que estou realizando este ano serão compiladas e publicadas como livros no ano que vem. Essa ideia que surgiu na minha mente há alguns anos está agora se tornando realidade, mesmo sem que eu tenha feito quaisquer planos específicos para concretizá-la.

De modo similar, em 1985, quando eu estava trabalhando no meu primeiro livro, *As*

Mensagens Espirituais de Nichiren, pensei que seria agradável conhecer meus leitores algum dia. Eu nunca havia tido uma visão clara de tantas pessoas comparecendo às minhas palestras como tenho agora. Simplesmente pensei que isso iria acontecer no seu devido tempo. Como você pode ver, a visualização não é a única maneira de alcançar a autorrealização. Espero que isso ajude você a melhorar sua compreensão de como funciona a autorrealização.

3

Como Lidar com Interrupções durante a Meditação

Pergunta:

Quando medito, é comum ser perturbado pelo som de um telefone tocando, a batida de uma porta ou por alguém entrando no quarto. Será que interromper a meditação desse modo tem algum impacto negativo na minha alma? Existe algum método ou procedimento adequado para encerrar a meditação? Como devo voltar a meditar depois de ter sido obrigado a parar bruscamente?

Resposta:

Com certeza é desagradável ser interrompido durante a meditação; por isso, convém evitar aquilo que possa interrompê-lo, sobretudo telefonemas. O telefone é um inimigo da meditação. E com certeza fica difícil meditar também quando há muitas pessoas em volta.

Vou contar uma história, sobre uma vez em que fui interrompido enquanto estava em estado meditativo. Um dia, eu estava tendo uma sessão de entrevista espiritual com William Shakespeare[2] — recebendo suas mensagens e registrando-as para a publicação de um livro. Mas precisei parar a entrevista bem na metade porque chegou uma entrega. Ouvi a campainha tocar, então levantei-me e fui atender a porta. Depois de receber o pacote, reiniciei a sessão, mas Shakespeare ficou indignado por eu tê-lo interrompido na melhor parte da conversa, quando ele discursava sobre a sua

---

2 A entrevista espiritual com William Shakespeare foi compilada e publicada em 1988 no livro *Picasso Reijishu* ("Uma Coleção de Mensagens Espirituais de Picasso"), pela Editora Tsuchiya Shoten. A Happy Science o publicou de novo no Japão em 2006 no volume 39 de *Ryuho Okawa Reigen Zenshu* ("Coleção Completa das Mensagens Espirituais de Ryuho Okawa").

teoria da tragédia na literatura. Ele não estava com raiva, mas perdera a disposição de se comunicar comigo. Levei um tempo para fazê-lo voltar a se sentir motivado a dar sequência à comunicação, e acabamos precisando retomar a sessão desde o início.

Eu lhe disse que, como um espírito divino, ele não deveria se deixar perturbar por coisas assim e que talvez fosse o caso de aprimorar sua mente; no entanto, esse é um problema que atores e artistas com frequência precisam enfrentar. Com certeza eles não iriam gostar se a polícia aparecesse de repente, no meio de uma representação teatral, e interrompesse o espetáculo. Por isso, compreendi por que ele ficara contrariado em ser interrompido no meio de sua fala e perdera até sua motivação de continuar.

Tudo isso para dizer que eu entendo o quanto pode ser difícil ter de retomar a meditação depois de ter sido interrompido no meio dela. E essas interrupções de fato dificultam, para nós que vivemos no mundo material, recuperar a comunicação com os espíritos guias do outro mundo.

Quanto à sua pergunta, para saber se essas interrupções causam danos à alma, eu penso que depende de cada indivíduo. Mas não acho que você deve se preocupar muito com isso; deixe estar, simplesmente, e volte a meditar. Se ficar muito suscetível a esse tipo de ocorrência, poderá desenvolver a tendência a evitar pessoas e coisas desse mundo. Se você se sente muito sensível a isso, sugiro que procure reduzir um pouco sua sensibilidade. Não acredito que uma meditação possa ser tão urgente que tenha de ser feita naquele exato momento. Se achar que não consegue harmonizar sua mente depois de uma interrupção, apenas volte a meditar em outra hora.

Sei que algumas pessoas ensinam que pode ser muito prejudicial encerrar a meditação de forma brusca, mas você não deve se preocupar demais com isso. Você pode terminar sua sessão de meditação na hora que sentir que deve. Se achar que precisa meditar mais, simplesmente retome a sessão. Seja como for, o que mais atrapalha voltar a entrar no estado meditativo é a sensação de que você tem de fazer isso imediatamente. Essa tensão torna difícil a meditação, então recomendo que você relaxe e veja se consegue voltar a meditar naturalmente, sem forçar.

Buda Shakyamuni costumava meditar no meio da noite para evitar dispersões. Porém, se você fizer isso, ficará cochilando no trabalho e não conseguirá executar suas tarefas direito. Aqueles que têm horário de trabalho flexível podem tirar uma soneca ao longo do dia, mas a maioria não é abençoada por uma situação tão favorável que lhe permita meditar tarde da noite.

Se for difícil para você meditar à noite, faça isso de manhã. Por exemplo, você pode acordar às cinco ou seis da manhã e reservar duas horas para meditação. Exige um pouco mais de força de vontade para acordar mais cedo, mas, se você de fato se empenhar em fazer isso, tenho certeza de que irá conseguir. Dificilmente você será interrompido a essa hora da manhã. Assim, se o seu problema é ser interrompido durante o dia e também à noite, recomendo que medite de manhã bem cedinho.

Você não precisa se prender a nenhum estilo particular de meditação. Aqueles que vivem uma vida inspirada estão constantemente em um estado meditativo, e essas pessoas com frequência parecem viver meio desligadas. Por exemplo, há uma anedota a respeito de Isaac Newton, que diz que ele confundiu um relógio de bolso com um ovo, pôs o relógio para ferver e só percebeu o equívoco quando tentou comê-lo. Outra anedota envolvendo Newton diz que quando a gata do seu vizinho teve filhotes, ele fez uma pequena passagem para os filhotinhos e outra grande para a mãe. Nem se preocupou como o fato de que a passagem grande também serviria perfeitamente para os filhotinhos. Visualizou que os filhotinhos deveriam passar por um espaço pequeno, então fez duas passagens de tamanhos diferentes. Às vezes, a capacidade de alguém em lidar com a realidade pode ser um tanto questionável, mas penso que essas anedotas mostram que ele vivia em constante estado de concentração e meditação.

O mesmo é verdadeiro para Sócrates. Conta-se que ele ficou parado em pé três ou quatro dias no meio de uma batalha. É incrível a profundidade de seu estado meditativo. Ele sequer percebia os artefatos de artilharia ou se preocupava com eles voando perto de si. Fico imaginando como conseguiu evitar ser atingido, mas essa história é famosa, e narra que ele ficou no meio de um campo de batalha, num estado mental inabalável, durante vários dias e noites seguidas.

Desse modo, outra abordagem para evitar dispersões é concentrar sua mente no mesmo grau que Newton e Sócrates conseguiam alcançar. Se chegar a esse ponto, seu ambiente não será mais uma interferência para a sua meditação. Porém, se fizer isso durante seu expediente de trabalho, provavelmente perderá o emprego; então, é melhor tentar fazer isso apenas durante seu trajeto de ida e volta do trabalho, se usar o transporte público, ou aos fins de semana.

A maioria das pessoas provavelmente acha difícil arrumar tempo para meditar todo dia. Se for esse seu caso, reserve um intervalo para meditar aos fins de semana ou nos seus dias de folga. E lembre-se de que você pode fazer reflexão examinando sua mente a qualquer hora do dia ou da noite. Portanto, durante os dias de semana, você pode usar o período que gasta indo para o trabalho e voltando ou a hora em que está indo deitar para refletir sobre seus pensamentos e ações do dia. Pode criar o hábito de praticar reflexão nos dias de semana e, em seguida, passar uma hora ou duas por semana, nos finais de semana ou feriados, em meditação. Para sessões mais longas de meditação, recomendo que comece com o método reflexivo e depois passe gradualmente para estados meditativos mais profundos.

Para aqueles que levam uma vida agitada no mundo dos negócios, pode ser um desafio conseguir incluir uma prática de meditação na rotina diária. Quando iniciei a nossa organização, a Happy Science, em 1987, eu passava parte do meu tempo meditando em vez de fazer o trabalho de escritório. No entanto, à medida que a organização cresceu, não pude mais dedicar muito tempo à meditação. Começamos a contratar muitas pessoas, e a Happy Science passou a ter uma estrutura parecida com uma companhia normal, com muito trabalho administrativo, documentos, formulários etc. Depois que você se vê envolvido em tarefas que exigem competências empresariais rotineiras, fica difícil equilibrar o trabalho administrativo com a prática da meditação.

Eu compartilhei três chaves para a meditação no Capítulo 1 deste livro. A primeira delas é ter absoluta fé na existência de Deus e dos espíritos divinos. A segunda chave é abandonar o ego e o autointeresse. A terceira é examinar o seu "eu" atual do ponto de vista celestial. O que você imagina que iria acontecer se aplicássemos essas chaves às nossas atividades de negócios do dia a dia?

Primeiro, se você começasse a falar em ter absoluta fé em Deus e nos espíritos divinos em seu ambiente de trabalho, talvez algumas pessoas o considerassem um cara estranho. Elas não costumam pensar nesses assuntos no local de trabalho. Se você tentasse praticar a segunda chave, isto é, abandonar por completo seu ego e seu interesse em si mesmo, isso provavelmente dificultaria muito as coisas para você numa companhia que visa obter lucro.

Depois que você passar a se enxergar pela perspectiva do outro mundo, fica mais difícil se adaptar às regras e condições deste mundo material. Isso significa que as pessoas que vivem agitadas com o ambiente de negócios em geral se sentem incapazes de reservar um tempo para praticar meditação, porque todas as três chaves para a meditação acabam impedindo-as de realizar seu trabalho.

Como podemos então lidar com esse problema? Devemos mudar totalmente nossa perspectiva. Ou seja, precisamos aprimorar nosso desempenho no trabalho e levá-lo até o limite da nossa capacidade. Quando melhoramos nossas competências, como a capacidade de administrar bem o nosso tempo, podemos criar espaço na nossa agenda para entrar em um estado meditativo.

Para poder levar uma vida meditativa, como faziam Newton e Sócrates, e ao mesmo tempo continuar atuando em um ambiente convencional de negócios, precisamos desenvolver a capacidade de reduzir a quantidade de tempo que gastamos para fazer nosso trabalho. Se você consegue tomar decisões rápidas diante dos problemas que enfrenta, mesmo quando surge algum imprevisto, conseguirá dar conta dele em um curto período de tempo. Desse modo, sua mente ficará num estado de paz ou de calma interior mesmo quando você estiver ocupadíssimo com suas tarefas. Essa sensação de um estado interior fluente, calmo, passivo irá criar espaço adicional dentro da sua mente, que irá deixá-lo aberto para receber todo tipo de inspiração.

Em suma, se queremos ser capazes de entrar em um estado meditativo enquanto levamos adiante uma vida agitada, precisamos desenvolver uma sólida competência prática de trabalho. Não podemos entrar em um estado meditativo estando ao mesmo tempo envolvidos em tentar resolver mais de dois ou três problemas por vez. Por isso, é crucial desenvolver a capacidade de resolver os problemas com rapidez.

Não importa que tipo de atividade você exerça, mesmo que seja auxiliar de escritório, se conseguir melhorar sua competência no trabalho a ponto de poder tomar decisões tão rapidamente quanto o presidente da companhia, com isso poderá facilmente criar um tempo adicional para relaxar e entrar em estado meditativo. Como um guia geral, você pode ter como objetivo realizar uma tarefa de uma hora em dez minutos, concentrando seus esforços de tal modo que leve um sexto do tempo normal para realizá-la.

Para começar, experimente imaginar três soluções para cada problema assim que ele surgir. Então, determine a solução mais viável e coloque-a em prática de imediato. É assim que você consegue desenvolver a competência de tomar decisões de forma rápida, uma após a outra. Essa habilidade irá ajudá-lo a discernir a quem consultar a respeito de que assunto e o que precisa fazer para dar conta do problema. Você será capaz de decidir quais assuntos podem esperar; assim, mesmo que receba muitas ligações durante a manhã, será capaz de decidir na hora quais delas poderá retomar mais tarde, no final do dia. Desse modo, conseguirá passar depressa de uma tarefa para outra e ao mesmo tempo continuar focado naquilo que é mais importante.

É praticamente impossível entrar em estado meditativo se você está com excesso de trabalho a ponto de entrar em pânico por não saber como irá resolver para terminar tudo dentro do expediente normal. Por exemplo, você pode estar planejando terminar o serviço de ontem, mas assim que chega ao escritório, recebe uma ligação a respeito de um problema urgente que precisa resolver, o que o obriga a deixar o trabalho de ontem ainda sem concluir. Isso pode fazer com que você fique perdido em relação ao que fazer e se sinta desorganizado.

Se você se encontrar nessa situação, tente montar uma lista daquilo que precisa fazer logo no início da manhã, enquanto toma uma xícara de café. Se você vê que tem dez coisas para fazer imediatamente, por exemplo, coloque-as em ordem de prioridade e prenda essa lista no seu aparelho de telefone, ou onde quer que possa vê-la a toda hora. À medida que for resolvendo cada tarefa, risque-a da lista. Se conseguir riscar todos os itens, um após o outro, e solucionar tudo até o final da manhã, não terá mais trabalho pendente pelo resto do dia.

É assim que você pode reduzir a quantidade de serviço que ficou por fazer e criar espaço adicional para se concentrar e acalmar sua mente. Se ficar se sentindo sempre aflito por causa de problemas não resolvidos, não será capaz de entrar em estado meditativo. Como no método de produção industrial just-in-time empregado pela Toyota, no qual você processa o produto da maneira mais eficiente possível logo que recebe o pedido, você será capaz de administrar melhor seu volume de trabalho e realizar as tarefas assim que elas surgirem.

Sua capacidade de trabalho tem muito a ver com sua prática de meditação. Se você se vê constantemente disperso pelas coisas do ambiente ao seu redor, tente melhorar sua competência de trabalho. Se conseguir terminar suas atribuições dez vezes mais rápido, terá dez vezes mais tempo livre no seu dia. Isso vai lhe permitir fazer uma variedade de outras coisas além das suas tarefas normais; portanto, por favor, considere de que modo poderá aplicar essa técnica na sua vida.

Por fim, eu gostaria de destacar a importância de direcionar seus pensamentos de forma correta quando concentrar sua mente. Se você usar sua capacidade de maneira equivocada, acabará por sintonizar seus pensamentos com espíritos inferiores da parte mais baixa da quarta dimensão do mundo espiritual (inferno), o que o afastará do tipo de meditação que deveria praticar. Eu gostaria que você tivesse muito cuidado com esse aspecto ao meditar.

4
A Quem Devemos Orar?

Pergunta:

Gostaria de saber a quem devemos orar durante a meditação. Devemos rezar para algum espírito específico ou tentar visualizar o Criador ao rezar?

Resposta:

Essencialmente, devemos orar aos nossos espíritos guardiões. Isso porque eles nos conhecem bem e sabem o que é melhor para nós.

Em seguida, nossos espíritos guardiões vão avaliar o conteúdo da nossa oração. Se sentirem que a nossa solicitação está além da sua capacidade de atendê-la, irão buscar o auxílio de um espírito guia de uma dimensão mais elevada. Eles irão recorrer a um especialista que possa resolver as questões específicas que colocamos na nossa oração. Portanto, como regra geral, todas as orações devem passar por nossos espíritos guardiões.

Em princípio, os espíritos guardiões servem como intermediários que transmitem nossas orações a outros espíritos superiores, mas se você possui uma meta específica em determinada área, pode orar solicitando diretamente que um espírito divino especialista nessa área possa atendê-lo. Se quiser, você pode dirigir sua oração a um espírito guia, anjo, deus, deusa ou personalidades que fizeram grandes trabalhos na história da humanidade, a fim de receber auxílio para realizar algum propósito específico.

Porém, tenha em mente que o poder de oração está correlacionado com o nível vibratório e de iluminação de sua consciência. Por isso, se você rezar ao deus xintoísta Ameno Minakanushino Kami, ou a Buda, ou a Jesus Cristo, por exemplo, sua oração somente será ouvida se sua vibração mental, grau de iluminação ou consciência for elevada o suficiente para chegar até eles. Nesse sentido, se desejar que o Supremo Deus do Universo ouça a sua oração, isso com certeza exigirá um grau de elevação muito maior de sua parte. Saiba que, mesmo se você dirigir sua oração ao Criador, poderá demorar um tempo infinito para chegar até ele.

No entanto, se sua oração for feita da forma correta e na direção correta, irá chegar a alguém entre você e o espírito superior ao qual você está pensando. Desde que seja uma boa oração e que você a esteja enviando ao espírito que tem a expertise em sua área de interesse, alguém com vínculos próximos com esse espírito irá receber sua prece.

Os espíritos divinos atuam em diferentes áreas. Por exemplo, o deus xintoísta Okuninushino Kami especializou-se em atender desejos relacionados ao casamento e à prosperidade econômica; portanto, talvez ele não produza os melhores resultados nas questões relativas à cura de doenças. Por outra lado, Florence Nightingale e Edgar Cayce são espírito guias especialistas na cura de doenças. Eles e outros espíritos curadores dedicam a maior parte de seu tempo a ouvir as orações com pedidos de cura dirigidas a eles. Seja como for, cada santo, espírito guia ou espírito de luz irá atender as orações dependendo da maneira que cada pessoa ora. Os pedidos são analisados caso a caso. Com certeza, algum espírito ligado ao mesmo grupo irá receber o seu pedido.

O espírito que recebe sua oração irá então examiná-la com cuidado, do mesmo modo que um funcionário do governo decide se vai aprovar ou não uma solicitação que chegou ao seu departamento. Se o espírito aprova a oração, ele encaminha a documentação, e algum espírito guia é designado para atender a solicitação. É quando você começa a receber uma resposta ao pedido da sua oração. Por outro lado, se o espírito guia concluir que sua oração não está de acordo com a vontade de Deus ou dos espíritos superiores, ele não poderá atender o seu pedido.

Em linguagem figurada, enviar uma oração é como lançar flechas para o céu. Pode ser que elas não atinjam seu alvo e, assim, logo cairão de volta no solo. Há muitas orações que não puderam ser atendidas e que estão espalhadas por toda a Terra e pelo universo. Tais desejos não atendidos das pessoas formam campos de energia que estão sempre girando à nossa volta e podem nos afetar de várias maneiras.

Na verdade, o risco de visitar santuários e templos ligados a religiões incorretas é que indivíduos menos iluminados podem facilmente captar influências dos desejos mesquinhos não atendidos das pessoas que fizeram pedidos ali. Muita energia das orações não atendidas se acumula nesses locais.

Infelizmente, para algumas pessoas, a oração é apenas uma tentativa de fazer com que seus desejos egoístas se realizem. Elas enviam orações ardorosas aos céus, mas com frequência nenhum ser espiritual elevado pode aceitar seus pedidos. Esses desejos não atendidos voltam à Terra e às vezes podem acertar a cabeça da próxima pessoa que visita o mesmo lugar e esteja num estado vibratório semelhante. Por outro lado, se uma pessoa visita um santuário ou templo de uma religião e se encontra num estado mental correto, e for merecedor de que o seu pedido seja atendido, sua oração receberá resposta. Quando esses desejos e orações "corretos" se acumulam, começam a criar uma atmosfera espiritual poderosa. Conforme mais e mais pessoas se reúnem em um local para orar, os pedidos delas — por exemplo, de conseguir sucesso, prosperidade nos negócios, de cura — aos poucos vão se acumulando e formando um campo de força. Se as orações forem consideradas adequadas, os espíritos divinos da quarta dimensão e de outras dimensões mais elevadas começarão a trabalhar para respondê-las. Nesses casos, os espíritos guias de luz que têm condições de dar orientações àqueles que estão fazendo as preces irão se reunir e começarão a atuar para ajudá-los.

Portanto, antes de orar é importante verificar seu estado mental. Adote uma atitude humilde, e examine de modo criterioso se seus desejos não são egoístas. Se achar que sua oração tem virtude, então ofereça-a. No final, vai caber aos espíritos guias de luz decidir se aceitam sua oração ou não; assim, adote uma postura correta e deixe isso a cargo deles. Se você ficar pedindo sempre a mesma coisa, isso pode indicar que seu desejo se tornou uma obsessão sua. Precisamos ter cuidado para não ficarmos escravos dos nossos desejos.

Para mais informações sobre orações, por favor, consulte o capítulo 10, "O Princípio da Oração", do meu livro *As Chaves da Felicidade*[3]. Também discuti o relacionamento entre oração e os Oito Corretos Caminhos no capítulo 2 de meu livro *A Essência de Buda*[4]. Nele explico de que maneira Buda Shakyamuni tentou incorporar a oração em sua filosofia para desenvolver o Correto Coração e na prática da Correta Meditação. Espero que você leia esses livros, pois irão ajudá-lo a aprofundar seu grau de iluminação em relação à oração.

---

3 *As Chaves da Felicidade*. São Paulo: Editora Cultrix, 2010.
4 *A Essência de Buda* – 3ª ed. São Paulo: IRH Press do Brasil, 2013.

5

Como Evitar Influências Espirituais Negativas

Pergunta:

Às vezes, quando junto as mãos em oração em algum santuário, tenho a sensação de que elas estão sendo puxadas, e quando medito à noite, é comum sentir uma espécie de corrente elétrica no meu corpo. Um amigo me contou que teve experiências similares quando estava lendo um de seus livros. Eu também sinto que algumas pessoas emitem vibrações ruins, o que me faz querer evitá-las. Poderia me aconselhar indicando maneiras de aumentar minha força interior de modo que possa evitar essas influências negativas?

Resposta:

Responder a perguntas desse tipo às vezes pode ferir o coração de algumas pessoas, porque com frequência envolvem questões muito pessoais. Portanto, vou transmitir orientações gerais que permitam a todos os leitores ter uma melhor compreensão desse problema.

Uma pequena parcela de pessoas experimenta uma sensação parecida com um choque elétrico, um formigamento na cabeça, ao ler livros sobre assuntos espirituais. Se a sensação for como se algo estivesse pinicando sua cabeça, geralmente pode ser causada por espíritos de animais, como o de uma cobra.

Outras pessoas têm uma sensação de choque elétrico nos ombros ou na parte baixa das costas, o que pode ser causado por espíritos animalescos como o de uma raposa. De certa forma, alguns espíritos de animais também podem causar influência espiritual nas pessoas. No entanto, as sensações experimentadas podem variar de uma pessoa para outra, dependendo do tipo de espírito.

Há muitos espíritos errantes animalescos que se reúnem em alguns santuários, centros e templos porque eles possuem a esperança de serem salvos. Quando pessoas espiritualmente sensíveis vão a esses locais e fazem algum tipo de oração, podem atrair essas influências e sentir uma espécie de choque elétrico, que é um fenômeno causado por esses espíritos animalescos que se reúnem nesse tipo de local.

Algumas pessoas podem confundir esses sintomas com uma bênção recebida e passam a expressar gratidão por isso, criando vínculos com esses espíritos e permitindo possessão espiritual. Quem passa por esse tipo de experiência é mais suscetível a esse tipo de influência espiritual, por isso recomendo que evite lugares como cemitérios, templos, centros e santuários de religiões equivocadas.

Quanto ao seu amigo que teve uma sensação espiritual ao ler meu livro, por favor pergunte-lhe qual foi essa sensação. Se ele sentiu calor em volta no peito ou fluindo pelo corpo, ou se chegou até a derramar algumas lágrimas, é um sinal de que o espírito guardião dele o estava apoiando naquele momento. Mas, quando o corpo de uma pessoa fica balançando ou chacoalhando mesmo contra a vontade dela, isso não é obra do seu espírito guardião nem de espíritos de luz. Em algumas pessoas a influência intrusa também pode ser sentida em forma de peso ou dor no pescoço ou na cabeça, ou um zumbido nos ouvidos.

Em alguns casos extremos, há pessoas que não conseguem ler as palavras de luz transmitidas nos meus livros. Elas os folheiam e veem apenas as palavras impressas nas páginas, mas não conseguem compreender ou captar o sentido do que está escrito. Do mesmo modo, há quem compareça às atividades em nossas unidades e, ao assistir às minhas palestras, não consegue entender o significado das palavras. Outros não conseguem ouvir nada do que eu digo. Se você for uma dessas pessoas, precisará refletir profundamente por que está recebendo esse tipo de interferência.

Eu gostaria que você tivesse consciência de que existem dois tipos diferentes de reação aos fenômenos espirituais: se você experimenta uma sensação de calor fluindo do seu interior, então está reagindo aos espíritos guias de luz. Se observa outros tipos de sensação, como os citados anteriormente ou ainda os pés esfriando ou doendo, sobretudo à noite, não é um bom sinal. Sugiro que você não fique concentrado nisso, não valorize demais esse fenômeno e tente mudar o foco de sua atenção, sem dar muita importância à ocorrência.

Quando alguém fica curioso ou excitado com a ocorrência de fenômenos espirituais, permite que diferentes espíritos errantes ou negativos exerçam influência sobre si. Assim, se você experimenta fenômenos que o levam a pensar que é espiritualmente sensível, como ter sensações de formigamento na cabeça ou zumbidos no ouvido, procure não dar importância ao fato.

Em geral, o zumbido nos ouvidos costuma ser sinal de que há vários espíritos tentando falar com você simultaneamente ou influenciá-lo. Caso você venha a desenvolver mais sua sensibilidade espiritual, poderá começar a ouvir a voz deles; no entanto, recomendo enfaticamente que não procure ouvir o que eles querem lhe dizer; isso será melhor para você.

Muitos daqueles que praticam meditação com frequência têm vontade de experimentar fenômenos espirituais, então podem ficar muito empolgados quando começam a sentir ou ouvir coisas. Não há nenhum problema se esses sons ou sensações vêm de um espírito guia de luz, mas examine com muito cuidado o que está experimentando antes de ficar entusiasmado com isso. Se as sensações não são de calor ou luz fluindo por você, convém não prosseguir. Se perceber sensações esquisitas e estranhas, em vez de tentar entrar em um estado mais profundo de meditação, é melhor que abra os olhos e encerre a sessão imediatamente.

Minha recomendação é que, se você experimentar fenômenos espirituais que possam ser negativos, evite entrar em estado meditativo por um tempo; em vez disso, procure refletir e trabalhar para aprimorar a si mesmo e sua vida.

Faça seu trabalho da maneira mais equilibrada possível e adote um estilo de vida mais harmonioso. Alimente-se de forma saudável e procure fortalecer seu corpo físico. Procure também administrar bem o seu sono. Opte por levantar logo cedo pela manhã, e procure não ficar acordado até muito tarde da noite.

Tenho uma orientação especial àqueles que sofrem de insônia e que costumam ficar facilmente irritados devido à falta de sono: nessas circunstâncias, é melhor evitar a prática da meditação. Do ponto de vista espiritual, praticar meditação quando você habitualmente não vem dormindo bem à noite pode oferecer um certo perigo. Nesse caso, já pode estar havendo alguma interferência. Por favor, procure lembrar-se de que você não conseguirá receber orientação dos espíritos divinos quando estiver exausto por falta de sono.

É fundamental adotar um estilo de vida equilibrado, harmonioso e saudável antes de praticar meditação. Uma vida harmoniosa, equilibrada é um pré-requisito para receber orientação de espíritos confiáveis. Se queremos receber orientação de espíritos guias elevados, precisamos aprimorar nosso estilo de vida muito mais.

Seu corpo funciona como um barômetro do seu estado físico e mental. Se você costuma ficar reclamando e insatisfeito, talvez seja um sinal de que não está em boas condições físicas ou em harmonia. Neste caso, avalie se está dormindo o suficiente, procure adotar uma dieta alimentar saudável e faça algum exercício físico com regularidade. A aptidão física é excelente para conseguir uma boa resistência espiritual. Se você não estiver bem fisicamente, ficará muito mais difícil bloquear as vibrações espirituais negativas.

Às vezes, ganhar um pouco de peso poderá ajudar a enfrentar e repelir influências espirituais negativas. Em algumas situações, quando uma pessoa cresce no lado espiritual, seu crescimento também pode se manifestar exteriormente, no lado físico. Conforme sua mente se torna mais forte e você começa a superar dificuldades, seu corpo físico se desenvolve no mesmo sentido, e você se torna mais robusto. Uma mente rica pode se manifestar a partir de um corpo robusto. Com frequência, quanto mais forte seu corpo fica, maior resistência você também desenvolve contra espíritos negativos. Assim, fazer dieta para manter o corpo no peso correto nem sempre é necessariamente o ideal para manter sua mente em boas condições.

As pessoas que estão sempre sofrendo de perturbações espirituais costumam se inquietar com pequenas coisas, por isso têm mais dificuldade em ganhar peso. Se você está passando por perturbações desse tipo ou sente que está sob a influência de um espírito negativo, uma maneira de repelir isso é fortalecer seu corpo e ganhar um pouco de peso. Pela minha própria experiência, aprendi que, se você ganha cerca de um quilo de peso, vai adquirir força adicional para enfrentar um espírito. Com cinco quilos a mais, será capaz de enfrentar cerca de cinco espíritos. Desse modo, se você está abaixo do peso e se sente fraco, sugiro que procure ganhar alguns quilos, e começará a se sentir mais confiante e tolerante. Você ficará surpreso ao perceber o quanto fortalecer o corpo e ganhar peso são eficazes para não sucumbir à influência de espíritos malignos.

Uma última observação que eu gostaria de fazer é que você deve ter muito cuidado com o simples fato de ganhar peso, que pode, inversamente, trazer doenças relacionadas ao estilo de vida sedentário. Portanto, não deixe de praticar exercícios físicos regularmente ao mesmo tempo que ganha peso.

6
Meditação para Ajudar Pessoas com Demência

Pergunta:

Tenho uma avó que sofre há três anos de demência senil. Como podemos ajudar pessoas nessa condição, que carecem de capacidade cognitiva devido à doença, a praticar uma meditação reflexiva para poder despertar para a sua natureza divina?

Resposta:

As pessoas nessa situação, como sua avó, não estão em condições de praticar meditação, porque quando alguém sofre de demência senil tem dificuldade em concentrar a mente.

Neste caso, os membros da família dessa pessoa precisam praticar meditação por ela. Recomendo a meditação para harmonizar relacionamentos interpessoais. Reserve um tempo diariamente para concentrar sua mente e visualizar ativamente sua avó recuperando logo a saúde e vivendo feliz e em harmonia com todas as pessoas da família. Isso se tornará a fonte de energia que fluirá para ajudar a curá-la.

No mundo espiritual, o pensamento é a fonte de tudo; aquilo que pensamos se manifesta instantaneamente. Essa é uma lei do mundo espiritual. Nossos pensamentos não costumam se tornar realidade de imediato neste mundo porque residimos em um corpo físico, o que limita nossas competências espirituais. Mesmo assim, essa lei espiritual também se aplica a quem vive neste mundo da terceira dimensão, o mundo material, porque este mundo não está totalmente desligado do mundo espiritual multidimensional, que consiste nos mundos da quarta dimensão e dimensões mais elevadas. Este mundo físico em que vivemos na realidade coexiste com o mundo das dimensões mais elevadas. Portanto, as leis do mundo espiritual também estão em ação no mundo físico.

Como estamos limitados pelo fluxo do tempo neste nosso mundo, é necessário aguardar certo período de tempo para que nossos pensamentos se manifestem, e até que isso se concretize talvez precisemos passar por várias reviravoltas ao longo do caminho.

Por conseguinte, uma das formas pelas quais as pessoas podem ajudar um membro da família — e, no seu caso, ajudar sua vó a se recuperar —, é visualizá-la claramente gozando de boa saúde e em harmonia com todos ao seu redor, a fim de que essa visão possa gradualmente se tornar realidade.

Outra maneira é procurar refletir sobre o que provocou a demência da sua avó. Por que isso aconteceu com ela? Embora a demência senil também possa ser causada às vezes por problemas físicos, com frequência ela tem origem em possessões espirituais. Aqueles que abriram as janelas de sua mente para sintonias de pensamentos negativos e desarmoniosos tornam-se especialmente vulneráveis às influências de espíritos malignos e ficam vulneráveis a possessões espirituais. No caso da sua avó, pressinto que ela está sendo influenciada por vários espíritos negativos.

Como expliquei, a possessão espiritual costuma derivar de pensamentos e sentimentos negativos. O modo mais eficaz de eliminar a possessão por espíritos é a própria pessoa olhar para dentro de sua mente e refletir sobre quaisquer pensamentos equivocados, corrigindo-os; entretanto, em casos como o da sua avó, nos quais a pessoa não tem mais a capacidade cognitiva de fazer uma reflexão, alguém próximo precisa fazer isso em seu lugar.

Você acha que a causa da demência da sua avó pode estar ligada ao relacionamento entre os membros da família dela? Faça uma análise para descobrir se você também não tem algo a ver com a origem da doença dela. Aconselho que reflita sobre essas questões e veja se você ou outros membros da família não poderiam ter contribuído para que a doença dela se originasse. Caso você perceba que a existência de desarmonia ou de conflitos na família possa ter causado essa demência, saiba que é necessário que os familiares reflitam e procurem se arrepender disso, para que consigam eliminar as causas, uma por uma. Quando as condições físicas de nossos entes queridos os impedem de refletir e fazer julgamentos razoáveis, as pessoas mais próximas precisam fazer esse trabalho por eles.

Outra providência que pode ser adotada é afastar a influência das trevas, aumentando e fortalecendo a luz. A influência das trevas na sua casa e a escuridão dentro do seu coração, de sua mente, com frequência podem desencadear possessões espirituais. Portanto, meu conselho é que você procure aumentar sua luz interior até que consiga iluminar os outros. Afaste as trevas com uma quantidade avassaladora de luz, desenvolva uma grandiosa força de boa vontade e cultive intensamente a esperança. Espero que transforme sua vida ao procurar viver com isso em mente.

7

A Reflexão e Como Esquecer as Coisas do Passado

Pergunta:

Quando pratico reflexão, às vezes não tenho certeza se estou fazendo isso direito. Lembro que você disse que Deus, em sua misericórdia, nos deu o poder de refletir sobre nossos erros e corrigi-los, mas que, ao mesmo tempo, espera que esqueçamos o passado. Você poderia explicar quando devemos nos arrepender e quando devemos esquecer nossos erros e seguir adiante?

Resposta:

Esta é uma pergunta interessante. É muito difícil dizer quando temos de nos arrepender e quando temos de esquecer nossos erros, porque isso depende muito das circunstâncias de cada pessoa.

Aqueles que se concentram em ensinar a reflexão dirão simplesmente que todos devem refletir sobre seus pensamentos e ações, não importa em que situação. É verdade que a reflexão é uma das maneiras mais seguras de alcançar a iluminação. É menos provável que a pessoa pegue um caminho errado se iniciar a prática espiritual com a reflexão.

Os indivíduos que buscam a autorrealização ou praticam o pensamento positivo têm maior inclinação a seguir o caminho errado quando sua mente fica ofuscada por seu ego. Se você pratica o pensamento positivo perseguindo o sucesso, pensando apenas no seu benefício, e fica cego para as suas falhas, pode acabar prejudicando os outros sem perceber. É por isso que há muitas discussões sobre as maneiras de manter o equilíbrio entre uma postura mental de progresso, orientada para o futuro, e uma postura mental reflexiva.

Primeiro, eu gostaria de analisar a conduta para esquecer ou deixar de lado os seus erros. Não importa o quanto uma pessoa reflita sobre si mesma, às vezes ela pode se sentir infeliz e se tornar incapaz de encontrar uma saída. É comum as pessoas ficarem presas num ciclo negativo de arrependimento infindável.

Suponha que a empresa na qual você trabalha está passando por dificuldades financeiras e enfrenta uma crise. Demissões provocadas pelo encolhimento da empresa e protestos de sindicatos contra essas demissões estão abalando essa empresa. Você tem um cargo importante — digamos que é representante do sindicato na empresa ou membro da sua diretoria. Você sabe que muitas pessoas podem perder o emprego, então quer fazer algo para melhorar a situação, mas isso simplesmente está além da sua capacidade. Você se sente impotente porque não há o que fazer para evitar as numerosas demissões. A empresa continua no caos por seis meses e acaba indo à falência, forçando cada funcionário a tomar seu caminho, e agora você de vez em quando recebe notícias tristes do sofrimento pelos quais as pessoas estão passando. Você pode refletir sobre as atitudes que se viu forçado a tomar para cumprir suas responsabilidades como representante do sindicato ou como membro da diretoria e se arrepender dos erros que cometeu; no entanto, de qualquer modo pode acabar ficando preso a um ciclo de arrependimento por cinco ou dez anos e se sentir incapaz de se livrar disso.

Se você vive uma situação como essa, precisa saber que há certas coisas na vida que você não é capaz de mudar ou controlar. Como seres humanos, temos um poder limitado em relação ao que podemos fazer, e o arrependimento às vezes não consegue tirá-lo da situação em que está. É verdade que nossos pensamentos acabam virando realidade, e, portanto, as circunstâncias em que vivemos nada mais são do que manifestação do estado de nossa mente. Apesar disso, nossa vida pode sofrer uma completa reviravolta e tomar outro rumo quando há muitas pessoas envolvidas conosco. Às vezes, somos atropelados e envolvidos inapelavelmente pelas marés da vida. Mesmo sabendo disso, algumas pessoas não conseguem se perdoar pelas decisões que tiveram de tomar, mesmo depois de décadas.

Quando você se sentir aprisionado num ciclo de culpa, sugiro que deixe suas memórias de lado até que consiga se refazer. Não é necessário esquecer por completo o que ocorreu, mas você precisa manter certa distância emocional. Em vez de ficar arrastando seu passado com você, torne-se um novo eu e comece do zero. Quebre esse ciclo de culpa e procure o que há de bom dentro de você. Encontre o seu eu brilhante, e coloque foco em se tornar esse novo eu.

Depois de algum tempo, você poderá refletir de novo sobre seus erros com um olhar renovado. Quando fizer um reexame de si mesmo e olhar para o passado por essa nova perspectiva, será capaz de descobrir os erros que você e as outras pessoas envolvidas cometeram e entender melhor o que cada um poderia ter feito. Poderá descobrir coisas a respeito de si mesmo que não havia compreendido antes e examiná-las com maior profundidade.

Se você vier a entender os erros que os outros cometeram, poderá aprender com os erros deles e aplicar essa sabedoria na sua própria vida.

Se você não consegue mudar o que já aconteceu, não deixe que isso traga sofrimento e aflições para o presente. Você precisa se desligar de seus erros do passado, pois, se continuar arrastando-os consigo, isso irá minar sua motivação de continuar melhorando e avançando, e o manterá vagando na escuridão. Você precisa ter a coragem de se desligar dos erros do passado que estão criando trevas em sua vida.

Todos esses argumentos podem soar abstratos demais, por isso vou compartilhar a experiência que pela primeira vez me chamou a atenção para esse aspecto. Eu era funcionário em uma empresa de negócios e, ao mesmo tempo, realizava o mesmo trabalho espiritual que faço agora. Tentei manter esse meu lado espiritual em segredo para os meus colegas de trabalho, mas isso acabou vazando. Como eu não dei nenhuma explicação para o boato que se espalhou, as pessoas começaram a inventar coisas e deram outra aparência à história, o que me colocou em uma situação muito difícil.

Pelo fato de eu ter publicado um livro intitulado *As Mensagens Espirituais de Nichiren*, espalhou-se na companhia o boato de que eu era um dos líderes do movimento religioso japonês Soka Gakkai — que originalmente se baseou no budismo Nichiren. Outras pessoas diziam que eu praticava exorcismos com o mesmo tipo de chocalho grande de papel que os sacerdotes xintoístas empregam em seus rituais de purificação. Alguns dos boatos diziam que eu havia caído no chão, com a boca espumando, durante a realização de um desses rituais. Surgiram mil histórias desse tipo. Era impressionante como as versões mudavam completamente ao passarem de uma pessoa para outra.

Tudo isso começou quando compartilhei com dois colegas minha experiência de abrir as portas da mente para o mundo espiritual. Contei a essas pessoas porque elas tinham ciência da existência do mundo espiritual e queriam saber da minha experiência. Elas ficaram tão inspiradas pela minha história que a descreveram animadamente a outras pessoas, mas estas suspeitaram da minha experiência. Embora os colegas a quem falei diretamente considerassem minha experiência algo maravilhoso, que devia ser compartilhado, aqueles que ouviram o relato em segunda mão já não encararam do mesmo modo. Quanto mais pessoas ficavam sabendo do que eu havia dito, mais peculiares as versões se tornavam à vista dos outros.

Assim, as pessoas que ouviram falar das minhas experiências indiretamente começaram a espalhar uma série de boatos baseados em suas imaginações. Diziam que eu me tornara líder de determinado grupo religioso, que havia entrado em transe enquanto realizava um ritual de purificação, ou que havia enlouquecido ao ser transferido para a filial de Nova York.

Enquanto tudo isso ocorria, fiz uma profunda reflexão para ver se havia cometido algum erro que pudesse ter provocado toda essa situação. Depois, em última análise, descobri que o problema era que eu não estava fazendo o trabalho que precisava fazer. Se a minha carreira principal fosse o trabalho espiritual, mesmo que recebesse algumas críticas, o valor desse trabalho com certeza seria reconhecido por outras pessoas. No entanto, o golpe que recebi estava ligado ao fato de o trabalho espiritual não ser minha principal ocupação naquela época.

As pessoas que falavam mal de mim apenas ignoravam as Verdades espirituais. Era praticamente impossível compartilhar abertamente todas as verdades que eu havia descoberto com as pessoas do meu ambiente de trabalho. Eu sentia como se um espinho tivesse sido cravado no meu coração. Era a dor de não ser capaz de explicar; a dor de não me sentir compreendido. Tentei remover esse espinho fazendo uma reflexão sobre meus pensamentos e ações, mas eu não conseguia encontrar uma solução, por mais que tentasse. A única maneira de superar isso seria mostrar meu "eu verdadeiro", porém minhas circunstâncias não me permitiram fazê-lo na época. Esse tipo de dilema não pode ser resolvido simplesmente pela reflexão, porque não temos como mudar os valores das outras pessoas. A única saída era começar a fazer o que eu precisava fazer e levar adiante minha missão como líder espiritual e religioso. Mas eu também sabia que levaria algum tempo para concretizar isso.

Mesmo que quisesse explicar o que estava de fato acontecendo comigo – que eu não era um guru ou líder de algum grupo religioso e que tampouco havia enlouquecido enquanto estivera em Nova York –, eu não estava em posição de convencê-los de que estavam interpretando mal as coisas.

Eu não havia feito nada de errado, tampouco meus colegas eram pessoas más – apenas não tinham consciência da "Verdade". Compreendi que não havia o que fazer na época e que apenas o tempo iria resolver meu problema. Decidi aguentar as críticas naquele momento e deixar que o "rio do esquecimento" levasse embora meu passado; por isso, optei por deixar para lá e esquecer o assunto. Resolvi me libertar das críticas e concentrei o foco em me reconstruir. Decidi também que iria refletir sobre o que havia acontecido depois que tivesse alcançado um estado de consciência mais elevado e fosse capaz de enxergar o mundo sob uma luz mais positiva.

Passaram-se anos desde que larguei aquele emprego e comecei a trilhar o caminho da Verdade. Agora, quando relembro o que aconteceu, não tenho sentimentos negativos a respeito das pessoas que falaram mal de mim pelas costas e espalharam boatos. E, quando olho para o meu interior, não vejo feridas nem cicatrizes no meu coração, porque ganhei força interior para esquecer aquelas palavras. Se não tivesse construído essa força interior, teria ficado preso em um ciclo infindável de arrependimento e ao mesmo tempo continuaria me sentindo magoado com aquelas críticas.

Ficar angustiado pensando em formas de melhorar nossa imagem perante os outros ou fazer com que nos compreendam melhor não ajuda ninguém a sair desse ciclo de negatividade. Precisamos dar as costas a esse tipo de evento e seguir em direção a um futuro brilhante para cumprir uma missão mais elevada. Em vez de procurar a compreensão das pessoas à nossa volta, devemos nos concentrar naquilo que podemos fazer, nós mesmos, para alcançarmos outro nível de consciência. Com essa perspectiva mais elevada, seremos capazes de ver os eventos sob uma luz diferente.

Hoje, milhares de pessoas atuam em minha organização, a Happy Science, mas tanto os voluntários quanto os membros das equipes às vezes enfrentam críticas feitas por conhecidos, parentes e colegas quando descobrem que eles estão frequentando a Happy Science. Muitos não serão capazes de descobrir a causa dessas críticas dentro deles. Tampouco podemos dizer que a culpa é toda daqueles que estão fazendo as críticas. Sua falta de compreensão pode ter origem nos estereótipos negativos a respeito das organizações religiosas na nossa sociedade atual. Eles podem estar expressando preconceitos simplesmente por aquilo que foram ensinados a achar, e, portanto, talvez não sejam os únicos responsáveis por ter uma visão negativa.

Se você enfrenta uma situação como essa, crie coragem e desapegue-se do pequeno "eu" que procura a aprovação dos outros e quer evitar críticas. Fortaleça sua luz interior e tome a decisão de viver para uma missão mais elevada. Assim, será capaz de transcender as fronteiras do seu "eu" limitado e descobrir seu "eu verdadeiro", que você não era capaz de ver enquanto refletia sobre seus erros.

Como o monge Wumen Huikai sugere em seu *koan*[5] "O Homem Iluminado", que consta em seu livro *O Portão sem Portão*, nós, humanos, carregamos um imenso poder dentro de nós, mas temos tendência a nos limitar. Ficamos presos a vários padrões sociais e às opiniões dos outros, inclusive as de nossos irmãos, pais, parentes, amigos e professores. É como se estivéssemos atados por uma série de amarras invisíveis, com ordens do tipo: "Isso não pode", "Isso não está bem", "Você não deve fazer isso", "Você precisa fazer isso". Se tentarmos refletir sobre nossos erros tendo nossas mãos presas por essas amarras, acabaremos ficando ainda mais emaranhados nelas. Em algum momento da

---

[5] Um *koan* é uma pergunta, um diálogo, uma história ou uma frase, usado na prática zen para contemplar algum aspecto e aprofundar a iluminação da pessoa. "O Homem Iluminado" é o vigésimo *koan* de *O Portão sem Portão*, de Wumen Huikai. Ver *As Leis do Sol*, páginas 227-229 (São Paulo: IRH Press, 2015).

vida devemos simplesmente cortar essas amarras; precisamos nos desvincular desse "eu" que fica sempre nos culpando ou fazendo-nos sentir culpado pelos próprios erros. Liberte-se dos pensamentos negativos que o prendem e redescubra o seu "eu" original, ilimitado.

Outro *koan* de contemplação do livro *O Portão sem Portão* conta a história de um homem que estava dependurado numa árvore segurando-se no galho com os dentes. Dizem que alguém passou por ali e lhe perguntou: "Por que o Bodhidharma veio do Ocidente?". Essa pergunta visava descobrir qual era a intenção do Bodhidharma, o fundador do zen-budismo, quando veio da Índia para a China ensinar a essência do zen para Eka, que herdou o manto do Bodhidharma. Havia uma regra segundo a qual todo budista praticante que entrasse no caminho dessa disciplina teria de responder a essa pergunta quando lhe fosse feita. Mas se o homem que estava se segurando na árvore pelos dentes tentasse respondê-la, precisaria abrir a boca e cairia da árvore. Infelizmente, ele não estava autorizado a usar as mãos para se pendurar no galho. No entanto, se não respondesse à pergunta, seria desqualificado como praticante budista. Então, ele ficou no impasse entre não poder abrir a boca e não ser capaz de responder à questão.

É comum enfrentarmos situações como essa na vida. Podemos sentir que estamos diante de um dilema, quando na verdade estamos simplesmente nos prendendo a regras que impusemos a nós mesmos. Precisamos questionar se as premissas sobre as quais baseamos nossa decisão são corretas.

Na história do homem dependurado na árvore, por exemplo, temos de perguntar se é de fato correto supor que os praticantes budistas devem sempre responder à questão sobre o motivo que trouxe Bodhidharma do Ocidente. E perguntar também o que dá direito ao homem que faz a pergunta de desqualificar aquele monge que não tem como usar a boca para responder à pergunta. E por que o praticante dependurado não tem permissão de usar as mãos em vez da boca? Todas essas questões ficam subentendidas, ignoradas, como se fossem pressupostos imutáveis. Mas devemos questionar a validade de tais suposições.

Nós, humanos, sobretudo aqueles com inclinação religiosa, muitas vezes ficamos presos a doutrinas e dogmas convencionais, que nos dizem o que devemos e o que não devemos fazer. E, assim como o praticante dependurado no galho pelos dentes, nos deixamos emaranhar e paralisar por essas condições, e ao mesmo tempo ainda nos obrigamos a encontrar os erros na nossa mente.

É comum ficarmos encurralados com regras que nós mesmos criamos, mas devemos romper essa casca e recuperar um "eu" poderoso. Quando vamos além dos limites de como vemos a nós mesmos — não como um ser físico de um metro e tanto de altura, mas como uma existência maior, com cinco, dez metros ou mais — começamos a ver o mundo e as pessoas sob uma nova luz. Não deixe que os outros ou as circunstâncias exteriores o influenciem. Dê um passo adiante e construa um futuro mais brilhante. Só então poderá ir além dos limites da reflexão e começar a ver as coisas por um ponto de vista mais amplo.

Podemos, sem dúvida, limpar os erros e pecados de nossa alma por meio da reflexão, mas isso não significa que a reflexão seja a única saída. Se acreditarmos que temos de nos arrepender de nossos erros para resolver qualquer problema que estejamos enfrentando, podemos acabar presos num dilema como o do praticante: obrigados a responder a uma pergunta sendo que estamos, em termos figurados, pendurados, segurando num galho de árvore com os dentes.

Sem dúvida, o que ocorre no mundo exterior é uma projeção de nosso mundo interior. No entanto, se você se apegar a esse princípio — em outras palavras, se achar que sua mente é a causa de todos os problemas que enfrenta —, poderá começar a se ver como um pecador, e isso não é bom. De vez em quando, precisamos parar e ver se estamos praticando a reflexão da maneira correta.

Quebre as correntes e liberte a pessoa de imenso poder que existe dentro de você. Esqueça todas as pré-condições que você acredita que precisa cumprir, como a de não poder usar as mãos ou a de ser obrigado a responder à pergunta. Pergunte-se se essas pré-condições são válidas em todas as situações. Às vezes, você pode descobrir que essas regras são totalmente desnecessárias.

Suponha que um indivíduo transtornado começa a me atacar, dizendo que tudo o que eu digo está errado e ameaça me matar porque acredita que estou causando um mal à humanidade. Como sou um homem ligado à religião, ele talvez imagine que vou me ater ao princípio de Gandhi, de não revidar de forma alguma à violência, e me submeter. Mas eu provavelmente me defenderia. É muito difícil se ater ao princípio da não violência quando sua vida está em risco.

Não devemos permitir que a nossa falta de ação piore a situação. Quando estamos em uma situação de emergência, temos de sair de nossas noções restritas sobre o que uma pessoa religiosa supostamente deve fazer. Limitar-nos a essas imagens estereotipadas pode, na realidade, nos refrear e permitir que outras pessoas cometam erros que nós poderíamos ter evitado. Portanto, às vezes, precisamos ser flexíveis. Romper com as ideias preconcebidas que nos amarram pode se manifestar como uma forma de justiça. Esse é um aspecto da justiça que pode nos ajudar a forjar um novo caminho.

Aqueles que adquiriram o hábito de refletir sobre os próprios erros e falhas tendem a se culpar por tudo. Em termos gerais, é bom compreender seu papel nos problemas que você enfrenta, mas assumir a culpa por tudo acaba inibindo o crescimento das pessoas ao seu redor. Por exemplo, as pessoas que trabalham sob suas ordens às vezes cometem erros. Você pode se sentir tentado a assumir responsabilidade pelos erros delas, achando que tudo o que acontece com você é uma manifestação dos seus pensamentos. Mas, em vez de ficar remoendo a situação, é mais eficaz dizer às pessoas diretamente que elas precisam corrigir seus erros e dar instruções sobre a maneira de fazer seu trabalho direito. Seu problema se resolve na hora em que você diz aos seus subordinados que eles não estão fazendo o trabalho direito e que devem seguir determinado procedimento. Você pode até dar orientações mais específicas a respeito do que precisa ser feito durante a manhã e do que deve ser feito à tarde, ou no que eles devem prestar atenção quando envolvidos em determinado processo.

As pessoas que costumam assumir toda a culpa devem, em vez disso, tentar analisar as razões que levaram seus subordinados a agir daquela maneira, que foi obviamente prejudicial ao trabalho. Elas talvez imaginem que devem deixar passar um tempo, a fim de liderar pelo exemplo, de modo que seus subordinados acabem percebendo onde estão errando. Mas esse tipo de atitude pode acabar tendo um impacto negativo no desempenho geral da organização — enquanto o chefe fica angustiado com o erro do empregado, este continua totalmente alheio ao problema. É melhor para todos que o chefe apenas diga com franqueza ao subordinado que ele cometeu tal erro e precisa corrigi-lo. Se achar difícil dizer isso diretamente, o chefe pode escrever um bilhete ao subordinado. Como esse exemplo mostra, a falta de sinceridade faz com que você prolongue seu sofrimento e ainda cria problemas para os outros. Portanto, o risco de colocar o foco apenas na reflexão é que, apesar de nos tornar pessoas de bom coração, pode nos deixar retraídas demais.

Criar o hábito de refletir sobre nossos erros é ótimo, mas convém fazer essa verificação e ver se você não se tornou uma pessoa de bom coração, porém retraída demais. Se concluir que é esse o caso, talvez precise estabelecer um limite nisso, esquecendo os erros do passado e se concentrando em alcançar um nível mais elevado. Quando for rever seus erros mais tarde, já a partir de uma perspectiva mais elevada, será capaz de ver coisas que antes não percebia.

Poderá encontrar uma maneira totalmente nova de resolver os problemas. Às vezes, você só precisa começar a pensar grande e agir fora dos parâmetros já consolidados, como fez Ryoma Sakamoto[6].

Em sua meditação, liberte-se para poder se tornar maior ou menor, conforme sua vontade. Não há razão para que sua alma precise permanecer do mesmo tamanho que o seu corpo físico. Liberte sua mente e deixe sua alma ficar grande como um gigante ou pequena como uma fada. Essa liberdade completa da alma, que algumas vezes nos faz refletir sobre nossos pensamentos e sentimentos e em outras oportunidades nos faz esquecer os sentimentos negativos, é o que nos leva a compreender as leis espirituais da meditação.

---

6 Ryoma Sakamoto (1836-1867) foi o líder do movimento da Restauração Meiji, que pacificamente restaurou o poder do imperador após o xogunato Tokugawa e promoveu uma nova era de modernização e prosperidade no Japão.

Epílogo

Como você se sentiu em relação aos ensinamentos sobre "o milagre da meditação" que revelei neste este livro? Ele fez você sentir a importância de incorporar a meditação na sua vida diária? Ajudou você a compreender o que significa concentrar sua mente e como isso pode melhorar sua vida e promover seu crescimento espiritual? Deixou você motivado a adotar uma prática séria de meditação?

Se estiver interessado em prosseguir em seu estudo espiritual ou mesmo praticar meditação para o autoconhecimento, oferecemos programas, cursos e orientação sobre introspecção por meio de meditação e várias outras práticas de autoaprimoramento em nossa organização, a Happy Science.

Espero sinceramente que este livro ofereça a muitas pessoas a oportunidade de experimentar os milagres místicos da meditação.

Ryuho Okawa

O conteúdo deste livro é uma compilação de traduções das seguintes obras de Ryuho Okawa:

CAP. 1: OS SEGREDOS DA MEDITAÇÃO
"Meisou No Gokui" – Capítulo 1 de *Meisou No Gokui*. Tóquio: IRH Press Co. Ltd., 1989;
"Meisou No Gokui Kougi" – Capítulo 2 de *Meisou No Gokui*. Tóquio: IRH Press Co. Ltd., 1989.

CAP. 2: MEDITAÇÕES PARA A FELICIDADE
"Koufuku Meisou Hou Kougi" – Capítulo 4 de *Meisou No Gokui*. Tóquio: IRH Press Co. Ltd., 1989.

MEDITAÇÃO PARA TORNAR-SE UNO COM A NATUREZA
Trecho de "Mui Shizen No Meisou" – Capítulo 3 de *Okawa Ryuho Reigen Zenshuu Bekkan 3*. Tóquio: Happy Science, 2008.

CONTEMPLAÇÃO PARA DESENVOLVER UM CORAÇÃO SATISFEITO
Trecho de "Hansei Shuuhou 1 Tarukoto O Shiranu Yokubou Wa Naika" – *Jissen Hansei Hou*. CD. Happy Science, 1996.

VISUALIZAR A HARMONIA DO RELACIONAMENTO
Trecho de "Taijin Kankei Chouwa No Meisou" – Capítulo 5 de *Okawa Ryuho Reigen Zenshuu Bekkan 3*. Tóquio: Happy Science, 2008.

CAP. 3: PERGUNTAS E RESPOSTAS SOBRE MEDITAÇÃO
Q1, Q2, Q6, Q7: "Koufuku Meisou Hou Shitsugi Outou" – Capítulo 5 de *Meisou No Gokui*. Tóquio: IRH Press Co. Ltd., 1989.
Q3, Q4, Q5: "Meisou No Gokui Shitsugi Outou" – Capítulo 3 de *Meisou No Gokui*. Tóquio: IRH Press Co. Ltd., 1989.

Sobre o Autor

O mestre Ryuho Okawa começou a receber mensagens de grandes personalidades da história — Jesus, Buda e outros seres celestiais — em 1981. Esses seres sagrados vieram com mensagens apaixonadas e urgentes, rogando que ele transmitisse às pessoas na Terra a sabedoria divina. Assim se revelou o chamado para que ele se tornasse um líder espiritual e inspirasse pessoas no mundo todo com as Verdades espirituais sobre a origem da humanidade e sobre a alma, por tanto tempo ocultas. Esses diálogos desvendaram os mistérios do Céu e do Inferno e se tornaram a base sobre a qual o mestre Okawa construiu sua filosofia espiritual. À medida que sua consciência espiritual se aprofundou, ele compreendeu que essa sabedoria continha o poder de ajudar a humanidade a superar conflitos religiosos e culturais e conduzi-la a uma era de paz e harmonia na Terra.

Pouco antes de completar 30 anos, o mestre Okawa deixou de lado uma promissora carreira de negócios para se dedicar totalmente à publicação das mensagens espirituais que recebeu do Mundo Celestial. Até o momento, já publicou mais de 2.200 livros, tornando-se um autor de grande sucesso no Japão e no mundo. A universalidade da sabedoria que ele compartilha, a profundidade de sua filosofia religiosa e espiritual e a clareza e compaixão de suas mensagens continuam a atrair milhões de leitores. Além de seu trabalho contínuo como escritor, o mestre Okawa dá palestras públicas pelo mundo todo.

Mais de 2.200 livros publicados

Os livros do mestre Ryuho Okawa foram traduzidos em 28 línguas e vêm sendo cada vez mais lidos no mundo inteiro. Em 2010, ele recebeu menção no livro *Guinness World Records* por ter publicado 52 livros em um ano. Ao longo de 2013, publicou 106 livros.

Entre eles, há também centenas mensagens de espíritos de grandes figuras históricas e de espíritos guardiões de importantes personalidades que vivem no mundo atual.

Sobre a Happy Science

Em 1986, o mestre Ryuho Okawa fundou a Happy Science, um movimento espiritual empenhado em levar mais felicidade à humanidade pela superação de barreiras raciais, religiosas e culturais, e pelo trabalho rumo ao ideal de um mundo unido em paz e harmonia. Apoiada por seguidores que vivem de acordo com as palavras de iluminada sabedoria do mestre Okawa, a Happy Science tem crescido rapidamente desde sua fundação no Japão e hoje conta com mais de 20 milhões de membros em todo o globo, com templos locais em Nova York, Los Angeles, São Francisco, Tóquio, Londres, Paris, Düsseldorf, Sydney, São Paulo e Seul, dentre as principais cidades. Semanalmente o mestre Okawa ensina nos Templos da Happy Science e viaja pelo mundo dando palestras abertas ao público.

A Happy Science possui vários serviços de apoio às comunidades locais e pessoas necessitadas, como programas educacionais pré e pós-escolares para jovens e serviços para idosos e pessoas com necessidades especiais. Os membros também participam de atividades sociais e beneficentes, que no passado incluíram ajuda humanitária às vítimas de terremotos na China, no Japão e no Nepal, levantamento de fundos para escolas na Índia e doação de mosquiteiros para hospitais em Uganda.

Programas e Eventos

Os templos locais da Happy Science oferecem regularmente eventos, programas e seminários. Junte-se às nossas sessões de meditação, assista às nossas palestras, participe dos grupos de estudo, seminários e eventos literários. Nossos programas ajudarão você a:

- aprofundar sua compreensão do propósito e significado da vida;
- melhorar seus relacionamentos conforme você aprende a amar incondicionalmente;
- aprender a tranquilizar a mente mesmo em dias estressantes, pela prática da contemplação e da meditação;
- desenvolver habilidades de liderança;
- aprimorar seus conhecimentos para atuar na administração de empresas e negócios;
- aprender a superar os desafios da vida e muito mais.

Seminários Internacionais

Anualmente, amigos do mundo inteiro comparecem aos nossos seminários internacionais, que ocorrem em nossos templos no Japão e também no Brasil. Todo ano são oferecidos programas diferentes sobre diversos tópicos, entre eles "como melhorar relacionamentos praticando os Oito Corretos Caminhos para a Iluminação" e "como amar a si mesmo".

Contatos

BRASIL	www.happyscience.com.br
SÃO PAULO (Matriz)	R. Domingos de Morais 1154, Vila Mariana, São Paulo, SP, CEP 04010-100 55-11-5088-3800, sp@happy-science.org
Zona Sul	R. Domingos de Morais 1154, 1º and., Vila Mariana, São Paulo, SP, CEP 04010-100 55-11-5088-3800, sp_sul@happy-science.org
Zona Leste	R. Fernão Tavares 124, Tatuapé, São Paulo, SP, CEP 03306-030, 55-11-2295-8500, sp_leste@happy-science.org
Zona Oeste	R. Grauçá 77, Vila Sônia, São Paulo, SP, CEP 05626-020, 55-11-3061-5400, sp_oeste@happy-science.org
CAMPINAS	Rua Joana de Gusmão 187, Jardim Guanabara, Campinas, SP, CEP 13073-370 55-19-3255-3346
CAPÃO BONITO	Rua General Carneiro 306, Centro, Capão Bonito, SP, CEP 18300-030, 55-15-3542-5576
JUNDIAÍ	Rua Congo 447, Jd. Bonfiglioli, Jundiaí, SP, CEP 13207-340, 55-11 4587-5952, jundiai@happy-science.org
LONDRINA	Rua Piauí 399, 1º and., sala 103, Centro, Londrina, PR, CEP 86010-420, 55-43-3322-9073

SANTOS	Rua Júlio Conceição 94, Vila Mathias, Santos, SP, CEP 11015-540, 55-13-3219-4600, santos@happy-science.org
SOROCABA	Rua Dr. Álvaro Soares 195, sala 3, Centro, Sorocaba, SP, CEP 18010-190 55-15-3359-1601, sorocaba@happy-science.org
RIO DE JANEIRO	Largo do Machado 21, sala 607, Catete, Rio de Janeiro, RJ, CEP 22221-020, 55-21-3689-1457, riodejaneiro@happy-science.org

INTERNACIONAL www. happyscience.org

ÁFRICA

ACRA (Gana)	28 Samora Machel Street, Asylum Down, Acra, Gana, 233-30703-1610, ghana@happy-science.org
DURBAN (África do Sul)	55 Cowey Road, Durban 4001, África do Sul, 031-2071217, 031-2076765, southafrica@happy-science.org
KAMPALA (Uganda)	Plot 17 Old Kampala Road, Kampala, Uganda, P.O. Box 34130, 256-78-4728601, uganda@happy-science.org, www.happyscience-uganda.org
LAGOS (Nigéria)	1st Floor, 2A Makinde Street, Alausa, Ikeja, Off Awolowo Way, Ikeja-Lagos State, Nigéria, 234-805580-2790, nigeria@happy-science.org

AMÉRICA

FLÓRIDA (EUA)	12208 N 56th St., Temple Terrace, Flórida, EUA 33617, 813-914-7771, 813-914-7710, florida@happy-science.org
HONOLULU (EUA)	1221 Kapiolani Blvd, Suite 920, Honolulu, Havaí, 96814, EUA, 1-808-591-9772, 1-808-591-9776, hi@happy-science.org, www.happyscience-hi.org
LIMA (Peru)	Av. Angamos Oeste 354, Miraflores, Lima, Peru, 51-1-9872-2600, peru@happy-science.org, www.happyscienceperu.com
LOS ANGELES (EUA)	1590 East Del Mar Blvd., Pasadena, CA 91106, EUA, 1-626-395-7775, 1-626-395-7776, la@happy-science.org, www.happyscience-la.org
MÉXICO	Av. Insurgentes Sur 1443, Col. Insurgentes Mixcoac, México 03920, D.F., mexico@happy-science.org, mexico.happyscience-na.org
NOVA YORK (EUA)	79 Franklin Street, Nova York 10013, EUA, 1-212-343-7972, 1-212-343-7973, ny@happy-science.org, www.happyscience-ny.org
SÃO FRANCISCO (EUA)	525 Clinton St., Redwood City, CA 94062, EUA, 1-650-363-2777, sf@happy-science.org, www.happyscience-sf.org
TORONTO (Canadá)	323 College St., Toronto, ON, Canadá, M5T 1S2, 1-416-901-3747, toronto@happy-science.org

ÁSIA

BANCOC (Tailândia)	Entre Soi 26-28, 710/4 Sukhumvit Rd., Klongton, Klongtoey, Bancoc 10110, 66-2-258-5750, 66-2-258-5749, bangkok@happy-science.org
CINGAPURA	190 Middle Road #16-05, Fortune Centre, Cingapura 188979, 65 6837-0777/6837-0771, 65 6837-0772, singapore@happy-science.org
COLOMBO (Sri Lanka)	N° 53, Ananda Kumaraswamy Mawatha, Colombo 7, Sri Lanka, 94-011-257-3739, srilanka@happy-science.org
HONG KONG (China)	Unit A, 3/F-A Redana Centre, 25 Yiu Wa Street, Causeway Bay, 85-2-2891-1963, hongkong@happy-science.org
KATMANDU (Nepal)	Kathmandu Metropolitan City, Ward No-9, Gaushala, Surya, Bikram Gynwali Marga, House N° 1941, Katmandu, 977-0144-71506, nepal@happy-science.org
MANILA (Filipinas)	Gold Loop Tower A 701, Escriva Drive Ortigas Center Pasig, City 1605, Metro Manila, Filipinas, 094727 84413, philippines@happy-science.org
NOVA DÉLI (Índia)	314-319, Aggarwal Square Plaza, Plot-8, Pocket -7, Sector-12, Dwarka, Nova Déli-7S, Índia 91-11-4511-8226, newdelhi@happy-science.org
SEUL (Coreia do Sul)	162-17 Sadang3-dong, Dongjak-gu, Seul, Coreia do Sul, 82-2-3478-8777, 82-2-3478-9777, korea@happy-science.org
TAIPÉ (Taiwan)	N° 89, Lane 155, Dunhua N. Rd., Songshan District, Cidade de Taipé 105, Taiwan, 886-2-2719-9377, 886-2-2719-5570, taiwan@happy-science.org

TÓQUIO (Japão)	6F 1-6-7 Togoshi, Shinagawa, Tóquio, 142-0041, Japão, 03-6384-5770, 03-6384-5776, tokyo@happy-science.org, www.happy-science.jp

EUROPA

BERLIM (Alemanha)	Rheinstr. 63, 12159 Berlim, Alemanha, tel. 49-30-7895-7477, fax 49-30-7895-7478, germany@happy-science.org, web: http://happy-science.de/
FINLÂNDIA	finland@happy-science.org
LONDRES (GBR)	3 Margaret Street, London W1W 8RE, Grã-Bretanha, 44-20-7323-9255 44-20-7323-9344, eu@happy-science.org, www.happyscience-eu.org
PARIS (França)	56, rue Fondary 75015, Paris, França 33-9-5040-1110, 33-9-55401110 france@happy-science.org, www.happyscience-fr.org
VIENA (Áustria)	Zentagasse 40-42/1/1b, 1050, Viena, Áustria, 43-1-9455604, austria-vienna@happy-science.org

OCEANIA

AUCKLAND (Nova Zelândia)	409A Manukau Road, Epsom 1023, Auckland, Nova Zelândia 64-9-6305677, 64-9-6305676, newzealand@happy-science.org
SYDNEY (Austrália)	Suite 17, 71-77 Penshurst Street, Willoughby, NSW 2068, Austrália, 61-2-9967-0766 61-2-9967-0866, sydney@happy-science.or

Partido da Realização da Felicidade

O Partido da Realização da Felicidade (PRF) foi fundado no Japão em maio de 2009 pelo mestre Ryuho Okawa, como parte do Grupo Happy Science, para oferecer soluções concretas e práticas a assuntos atuais, como as constantes ameaças realizadas pela Coreia do Norte e pela China e a recessão econômica de longo prazo. O PRF objetiva contribuir para reformas imprescindíveis no governo japonês, a fim de garantir a paz e a prosperidade ao Japão. Para isso, propõe duas medidas principais:

1. Fortalecer a segurança nacional e a aliança Japão-EUA, que tem papel vital para a estabilidade da Ásia.
2. Melhorar a economia japonesa implementando cortes drásticos de impostos, adotando medidas monetárias facilitadoras e criando novos grandes setores.

O PRF defende que o Japão deve oferecer um modelo de nação religiosa que permita a coexistência de valores e crenças diversos, e que contribua para a paz global.

Para mais informações, visite en.hr-party.jp

Universidade Happy Science

O espírito fundador e a meta da educação

Com base na filosofia fundadora da universidade, que é de "Busca da felicidade e criação de uma nova civilização", são oferecidos educação, pesquisa e estudos para ajudar os estudantes a adquirirem profunda compreensão, assentada na sabedoria religiosa, e uma expertise avançada, para com isso produzir "grandes talentos de virtude", que possam contribuir de maneira abrangente para servir o Japão e a comunidade internacional.

Visão geral das faculdades e departamentos

– Faculdade de Felicidade Humana, Departamento de Felicidade Humana

Nesta faculdade, os estudantes examinam as ciências humanas sob vários pontos de vista, com uma abordagem multidisciplinar, a fim de poder explorar e vislumbrar um estado ideal dos seres humanos e da sociedade.

– Faculdade de Administração de Sucesso, Departamento de Administração de Sucesso

Esta faculdade tem por objetivo tratar da administração de sucesso, ajudando entidades organizacionais de todo tipo a criar valor e riqueza para a sociedade e contribuir para a felicidade e o desenvolvimento da administração e dos empregados, assim como da sociedade como um todo.

– Faculdade da Indústria Futura, Departamento de Tecnologia Industrial

O objetivo desta faculdade é formar engenheiros capazes de resolver várias das questões enfrentadas pela civilização moderna, do ponto de vista tecnológico, contribuindo para criar novos setores no futuro.

Academia Happy Science
Escola Secundária de Primeiro e Segundo Grau

A Academia Happy Science de Primeiro e Segundo Grau é uma escola em período integral fundada com o objetivo de educar os futuros líderes do mundo para que tenham uma visão ampla, perseverem e assumam novos desafios. Hoje há dois campi no Japão: o Campus Sede de Nasu, na província de Tochigi, fundado em 2010, e o Campus Kansai, na província de Shiga, fundado em 2013.

Filmes da Happy Science

O mestre Okawa é criador e produtor executivo de dez filmes, que receberam vários prêmios e reconhecimento ao redor do mundo.

Títulos dos filmes:

- As Terríveis Revelações de Nostradamus (1994)
- Hermes – Ventos do Amor (1997)
- As Leis do Sol (2000)
- As Leis Douradas (2003)
- As Leis da Eternidade (2006)
- O Renascimento de Buda (2009)
- O Julgamento Final (2012)
- As Leis Místicas (2012)
- As Leis do Universo (2015)
- Estou Bem, Meu Anjo (2016)

As Leis Místicas

Vencedor do "Prêmio Remi Especial do Júri 2013" para Produções Teatrais no Festival de Cinema Internacional WorldFest, de Houston

Outros Prêmios recebidos por *As Leis Místicas*:
- Festival de Cinema Internacional de Palm Beach (indicado entre os Melhores da Seleção Oficial)
- Festival de Cinema Asiático de Dallas, Seleção Oficial
- 4º Festival Anual Proctors de Animação, Seleção Oficial
- Festival Europa de Filmes Budistas, Seleção Oficial
- Festival do Filme Japonês de Hamburgo, Seleção Oficial
- MONSTRA – Festival de Animação de Lisboa, Seleção Oficial

As Leis do Universo (Parte 0)

Estou Bem, Meu Anjo

Filmes da Happy Science • 245

Outros Livros de Ryuho Okawa

SÉRIE LEIS

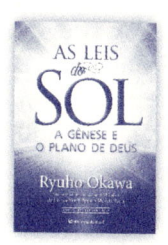

As Leis do Sol
A Gênese e o Plano de Deus
IRH Press do Brasil

Neste livro poderoso, Okawa revela a natureza transcendental da consciência e os segredos do nosso universo multidimensional, bem como o lugar que ocupamos nele. Ao compreender as leis naturais que regem o universo, e desenvolver sabedoria pela reflexão com base nos Oito Corretos Caminhos ensinados no budismo, o autor tem como acelerar nosso eterno processo de desenvolvimento e ascensão espiritual. Também indica o caminho para se chegar à verdadeira felicidade. Edição revista e ampliada.

As Leis Douradas
O Caminho para um Despertar Espiritual
Editora Best Seller

Ao longo da história, os Grandes Espíritos Guias de Luz, como Buda Shakyamuni, Jesus Cristo, Krishna e Maomé, têm estado presentes na Terra, em momentos cruciais da história humana, para cuidar do nosso desenvolvimento espiritual. Este livro traz a visão do Supremo Espírito que rege o Grupo Espiritual da Terra, El Cantare, revelando como o plano de Deus tem sido concretizado ao longo do tempo. Depende de todos nós vencer o desafio, trabalhando juntos para ampliar a Luz.

As Leis Místicas
Transcendendo as Dimensões Espirituais
IRH Press do Brasil

A humanidade está entrando numa nova era de despertar espiritual graças a um grandioso plano, estabelecido há mais de 150 anos pelos Espíritos Superiores. Aqui são esclarecidas questões sobre espiritualidade, misticismo, possessões e fenômenos místicos, canalizações, comunicações espirituais e milagres que não foram ensinados nas escolas nem nas religiões. Você compreenderá o verdadeiro significado da vida na Terra, fortalecerá sua fé e religiosidade, despertando o poder de superar seus limites e até manifestar milagres por meio de fenômenos sobrenaturais.

As Leis da Imortalidade
O Despertar Espiritual para uma Nova Era Espacial
IRH Press do Brasil

Milagres ocorrem de fato o tempo todo à nossa volta. Aqui, o mestre Okawa revela as verdades sobre os fenômenos espirituais e ensina que as leis espirituais eternas realmente existem, e como elas moldam o nosso planeta e os mundos além deste que conhecemos. Milagres e ocorrências espirituais dependem não só do Mundo Celestial, mas sobretudo de cada um de nós e do poder contido em nosso interior – o poder da fé.

As Leis da Salvação
Fé e a Sociedade Futura
IRH Press do Brasil

O livro analisa o tema da fé e traz explicações relevantes para qualquer pessoa, pois ajudam a elucidar os mecanismos da vida e o que ocorre depois dela, permitindo que os seres humanos adquiram maior grau de compreensão, progresso e felicidade. Também aborda questões importantes, como a verdadeira natureza do homem enquanto ser espiritual, a necessidade da religião, a existência do bem e do mal, o papel das escolhas, a possibilidade do apocalipse, como seguir o caminho da fé e ter esperança no futuro, entre outros temas.

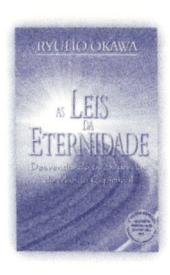

As Leis da Eternidade
A Revelação dos Segredos das Dimensões Espirituais do Universo
Editora Cultrix

Cada uma de nossas vidas é parte de uma série de vidas cuja realidade se assenta no outro mundo espiritual. Neste livro esclarecedor, Ryuho Okawa revela os aspectos multidimensionais do Outro Mundo, descrevendo suas dimensões, características e as leis que o governam. Ele também explica por que é essencial para nós compreendermos a estrutura e a história do mundo espiritual, e percebermos a razão de nossa vida – como parte da preparação para a Era Dourada que está por se iniciar.

As Leis da Felicidade
Os Quatro Princípios para uma Vida Bem-Sucedida
Editora Cultrix

Este livro é uma introdução básica aos ensinamentos de Ryuho Okawa, ilustrando o cerne de sua filosofia. O autor ensina que, se as pessoas conseguem dominar os Princípios da Felicidade — Amor, Conhecimento, Reflexão e Desenvolvimento —, podem fazer a vida delas brilhar, tanto neste mundo como no outro, pois esses princípios são os recursos para escapar do sofrimento e que conduzem as pessoas à verdadeira felicidade.

As Leis da Sabedoria
Faça Seu Diamante Interior Brilhar
IRH Press do Brasil

Neste livro, Okawa descreve, sob diversas óticas, a sabedoria que devemos adquirir na vida. Apresenta valiosos conceitos sobre o modo de viver, dicas para produção intelectual e os segredos da boa gestão empresarial. Depois da morte, a única coisa que o ser humano pode levar de volta consigo para o outro mundo é seu "coração". E dentro dele reside a "sabedoria", a parte que preserva o brilho de um diamante. A Iluminação na vida moderna é um processo diversificado e complexo. No entanto, o mais importante é jogar um raio de luz sobre seu modo de vida e, com seus próprios esforços, produzir magníficos cristais durante sua preciosa passagem pela Terra.

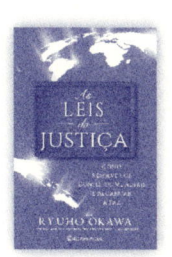

As Leis da Justiça
*Como Resolver os Conflitos Mundiais
e Alcançar a Paz*
IRH Press do Brasil

O autor afirma: "Com este livro, fui além do âmbito de um trabalho acadêmico. Em outras palavras, assumi o desafio de colocar as revelações de Deus como um tema de estudo acadêmico. Busquei formular uma imagem de como a justiça deveria ser neste mundo, vista da perspectiva de Deus ou de Buda. Para isso, fui além do conhecimento acadêmico de destacados estudiosos do Japão e do mundo, assim como do saber de primeiros-ministros e presidentes. Alguns de meus leitores sentirão nestas palavras a presença de Deus no nível global".

As Leis do Futuro
Os Sinais da Nova Era
IRH Press do Brasil

O futuro está em suas mãos. O destino não é algo imutável e pode ser alterado por seus pensamentos e suas escolhas. Tudo depende de seu despertar interior, pois só assim é possível criar um futuro brilhante. Podemos encontrar o Caminho da Vitória usando a força do pensamento para obter sucesso na vida material e espiritual. O desânimo e o fracasso são coisas que não existem de fato: não passam de lições para o nosso aprimoramento nesta escola chamada Terra. Ao ler este livro, a esperança renascerá em seu coração e você cruzará o portal para a nova era.

As Leis da Perseverança
Como Romper os Dogmas da Sociedade e Superar as Fases Difíceis da Vida
IRH Press do Brasil

Ao ler este livro, você compreenderá que pode mudar sua maneira de pensar e vencer os obstáculos que os dogmas e o senso comum da sociedade colocam em nosso caminho, apoiando-se numa força que o ajudará a superar as provações: a perseverança. Nem sempre o caminho mais fácil é o correto e o mais sábio. Aqui, o mestre Okawa compartilha seus segredos no uso da perseverança e do esforço para fortalecer sua mente, superar suas limitações e resistir ao longo do caminho que o conduzirá a uma vitória infalível.

As Leis da Missão
Desperte Agora para as Verdades Espirituais
IRH Press do Brasil

Estas são as leis do milagre para se viver a era do coração. São leis repletas de misericórdia, ainda que fundamentadas na sabedoria.

Poucas pessoas têm consciência de que estão trilhando os tempos da Luz, porque o mundo de hoje está repleto de catástrofes e infelicidades. Por isso mesmo o autor afirma: "Agora é a hora". Quando a humanidade está se debatendo no mais profundo sofrimento, é neste momento que Deus está mais presente. As Leis da Missão foram, de fato, pregadas. Estas também são as leis da salvação e, ao mesmo tempo, as leis do amor, as leis do perdão e as leis da verdade. Como é difícil falar sobre o mundo da fé àqueles que só acreditam naquilo que pode ser comprovado cientificamente. Aqui estão as respostas para suas dúvidas. Construa um túnel para perfurar a montanha da teoria.

As Leis da Invencibilidade
Como Desenvolver uma Mente Estratégica e Gerencial
IRH Press do Brasil

O autor desenvolveu uma filosofia sobre a felicidade que se estende ao longo desta vida e prossegue na vida após a morte. Seus fundamentos são os mesmos do budismo, que diz que o estado mental que mantivermos nesta vida irá determinar nosso destino no outro mundo. Ryuho Okawa afirma: "Desejo fervorosamente que todas as pessoas alcancem a verdadeira felicidade neste mundo e que ela persista na vida após a morte. Um intenso sentimento meu está contido na palavra 'invencibilidade'. Espero que este livro dê coragem e sabedoria àqueles que o leem hoje e às pessoas das gerações futuras".

SÉRIE ENTREVISTAS ESPIRITUAIS

Mensagens do Céu
Revelações de Jesus, Buda, Moisés e Maomé para o Mundo Moderno
IRH Press do Brasil

Ryuho Okawa compartilha as mensagens desses quatro espíritos, recebidas por comunicação espiritual, e o que eles desejam que as pessoas da presente época saibam. Jesus envia mensagens de amor, fé e perdão; Buda ensina sobre o "eu" interior, perseverança, sucesso e iluminação na vida terrena; Moisés explora o sentido da retidão, do pecado e da justiça; e Maomé trata de questões sobre a tolerância, a fé e os milagres. Você compreenderá como esses líderes religiosos influenciaram a humanidade ao expor sua visão a respeito das Verdades Universais e por que cada um deles era um mensageiro de Deus empenhado em guiar as pessoas.

A Última Mensagem de Nelson Mandela para o Mundo
Uma Conversa com Madiba Seis Horas Após Sua Morte
IRH Press do Brasil

A Série Entrevistas Espirituais apresenta mensagens recebidas de espíritos famosos e revolucionários da história da humanidade e também de espíritos guardiões de pessoas ainda encarnadas que estão influenciando o mundo contemporâneo. Nelson Mandela, conhecido como Madiba, veio até o mestre Okawa seis horas após seu falecimento e transmitiu sua última mensagem de amor e justiça para todos, antes de retornar ao Mundo Espiritual. Porém, a revelação mais surpreendente deste livro é que Mandela é um Grande Anjo de Luz, trazido a este mundo para promover a justiça divina, e que, no passado remoto, foi um grande herói da Bíblia.

Walt Disney
Os Segredos da Magia que Encanta as Pessoas
IRH Press do Brasil

Walt Disney foi o criador de Mickey Mouse e fundador do império conhecido como Disney World; lançou diversos desenhos animados que obtiveram reconhecimento global e, graças à sua atuação diversificada, estabeleceu uma base sólida para os vários empreendimentos de entretenimento. Nesta entrevista espiritual, ele nos revela os segredos do sucesso que o consagrou como um dos mais bem-sucedidos empresários da área de entretenimento do mundo contemporâneo.

A Verdade sobre o Massacre de Nanquim
Revelações de Iris Chang
IRH Press do Brasil

Iris Chang, jornalista norte-americana de ascendência chinesa, ganhou notoriedade após lançar, em 1997, *O Estupro de Nanquim*, em que denuncia as atrocidades cometidas pelo Exército Imperial Japonês durante a Guerra Sino-Japonesa, em 1938-39. Foi a partir da publicação da obra que a expressão "Massacre de Nanquim" passou a ser conhecida e recentemente voltou à tona, espalhando-se depressa dos Estados Unidos para o mundo. Atualmente, porém, essas afirmações vêm sendo questionadas. Para esclarecer o assunto, Okawa invocou o espírito da jornalista dez anos após sua morte e revela, aqui, o estado de Chang à época de sua morte e a grande possibilidade de uma conspiração por trás de seu livro.

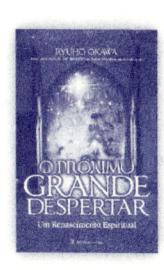

O Próximo Grande Despertar
Um Renascimento Espiritual
IRH Press do Brasil

Esta obra traz revelações surpreendentes, que podem desafiar suas crenças. São mensagens transmitidas pelos Espíritos

Superiores ao mestre Okawa, para que você compreenda a verdade sobre o que chamamos de "realidade". Se você ainda não está convencido de que há muito mais coisas do que aquilo que podemos ver, ouvir, tocar e experimentar; se você ainda não está certo de que os Espíritos Superiores, os Anjos da Guarda e os alienígenas existem aqui na Terra, então leia este livro.

Mensagens de Jesus Cristo
A Ressurreição do Amor
Editora Cultrix

Assim como muitos outros Espíritos Superiores, Jesus Cristo tem transmitido diversas mensagens espirituais ao mestre Okawa, cujo objetivo é orientar a humanidade e despertá-la para uma nova era de espiritualidade.

SÉRIE AUTOAJUDA

THINK BIG – Pense Grande
O Poder para Criar o Seu Futuro
IRH Press do Brasil

Tudo na vida das pessoas manifesta-se de acordo com o pensamento que elas mantêm diariamente em seu coração. A ação começa dentro da mente. A capacidade de criar de cada pessoa limita-se à sua capacidade de pensar. Ao conhecermos a Verdade sobre o poder do pensamento, teremos em nossas mãos o poder da prosperidade, da felicidade, da saúde e da liberdade de seguir nossos rumos, independentemente das coisas que nos prendem a este mundo material. Com este livro, você aprenderá o verdadeiro significado do Pensamento Positivo e como usá-lo de forma efetiva para concretizar seus sonhos. Leia e descubra como ser positivo, corajoso e realizar seus sonhos.

Estou Bem!
7 Passos para uma Vida Feliz
IRH Press do Brasil

Diferentemente dos textos de autoajuda escritos no Ocidente, este livro traz filosofias universais que irão atender às necessidades de qualquer pessoa. Um tesouro repleto de reflexões que transcendem as diferenças culturais, geográficas, religiosas e raciais. É uma fonte de inspiração e transformação que dá instruções concretas para uma vida feliz. Seguindo os passos deste livro, você poderá dizer: "Estou bem!" com convicção e um sorriso amplo, onde quer que esteja e diante de qualquer circunstância que a vida lhe apresente.

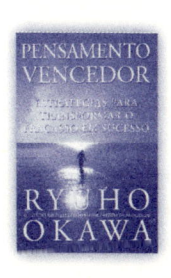

Pensamento Vencedor
Estratégia para Transformar o Fracasso em Sucesso
Editora Cultrix

A vida pode ser comparada à construção de um túnel, pois muitas vezes temos a impressão de ter pela frente como obstáculo uma rocha sólida. O pensamento vencedor opera como uma poderosa broca, capaz de perfurar essa rocha. Quando praticamos esse tipo de pensamento, nunca nos sentimos derrotados em nossa vida. Esse pensamento baseia-se nos ensinamentos de reflexão e desenvolvimento necessários para superar as dificuldades da vida e obter prosperidade. Ao ler, saborear e estudar a filosofia contida neste livro e colocá-la em prática, você será capaz de declarar que não existe essa coisa chamada derrota — só existe o sucesso.

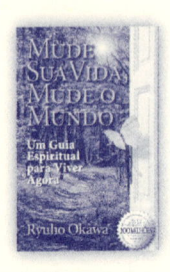

Mude Sua Vida, Mude o Mundo
Um Guia Espiritual para Viver Agora
IRH Press do Brasil

Este livro é uma mensagem de esperança, que contém a solução para o estado de crise em que nos encontramos hoje, quando a guerra, o terrorismo e os desastres econômicos provocam dor e sofrimento por todos os continentes. É um chamado para nos fazer despertar para a Verdade de nossa ascendência, para que todos nós, como irmãos, possamos reconstruir o planeta e transformá-lo numa terra de paz, prosperidade e felicidade.

A Mente Inabalável
Como Superar as Dificuldades da Vida
IRH Press do Brasil

Muitas vezes somos incapazes de lidar com os obstáculos da vida, sejam eles problemas pessoais ou profissionais, tragédias inesperadas ou dificuldades que nos acompanham há tempos. Para o autor, a melhor solução para tais situações é ter uma mente inabalável. Neste livro, ele descreve maneiras de adquirir confiança em si mesmo e alcançar o crescimento espiritual, adotando como base uma perspectiva espiritual.

Trabalho e Amor
Como Construir uma Carreira Brilhante
IRH Press do Brasil

O sucesso no trabalho pode trazer muita alegria. Mas só encontramos verdadeiro prazer ao cumprir nossa vocação com paixão e propósito — então, nosso sucesso é abençoado de verdade. Quando cumprimos nossa vocação, conseguimos superar todos os obstáculos, pois sabemos que nosso trabalho confere valor à vida dos outros e traz sentido e satisfação para a nossa vida. Aqui, Okawa introduz 10 princípios para você desenvolver sua vocação e conferir valor, propósito e uma devoção de coração ao trabalho com o qual sempre sonhou. Você irá descobrir princípios que propiciam: trabalho de alto nível; avanço na carreira; atitude mental voltada para o desenvolvimento e a liderança; poder do descanso e do relaxamento; liberação do verdadeiro potencial; saúde e vitalidade duradouras.

SÉRIE FELICIDADE

O Caminho da Felicidade
Torne-se um Anjo na Terra
IRH Press do Brasil

Aqui se encontra a íntegra dos ensinamentos das Verdades espirituais transmitidas por Ryuho Okawa e que serve de introdução aos que buscam o aperfeiçoamento espiritual. Okawa apresenta "Verdades Universais" que podem transformar sua vida e conduzi-lo para o caminho da felicidade. A sabedoria contida neste livro é intensa e profunda, porém simples, e pode ajudar a humanidade a alcançar uma era de paz e harmonia na Terra.

Manifesto do Partido da Realização da Felicidade
Um Projeto para o Futuro de uma Nação
IRH Press do Brasil

Nesta obra, o autor declara: "Devemos mobilizar o potencial das pessoas que reconhecem a existência de Deus e de Buda, além de acreditar na Verdade, e trabalhar para construir uma utopia mundial. Devemos fazer do Japão o ponto de partida de nossas atividades políticas e causar impacto no mundo todo". Iremos nos afastar das forças políticas que trazem infelicidade à humanidade, criar um terreno sólido para a verdade e, com base nela, administrar o Estado e conduzir a política do país.

Ame, Nutra e Perdoe
Um Guia Capaz de Iluminar Sua Vida
IRH Press do Brasil

O autor traz uma filosofia de vida na qual revela os segredos para o crescimento espiritual através dos Estágios do amor. Cada estágio representa um nível de elevação no desenvolvimento espiritual. O objetivo do aprimoramento da alma humana na Terra é progredir por esses estágios e desenvolver uma nova visão do maior poder espiritual concedido aos seres humanos: o amor.

A Essência de Buda
O Caminho da Iluminação e da Espiritualidade Superior
IRH Press do Brasil

Este guia mostra como viver com um verdadeiro propósito. Traz uma visão contemporânea do caminho que vai muito além do budismo, para orientar os que estão em busca da iluminação e da espiritualidade. Você descobrirá que os fundamentos espiritualistas, tão difundidos hoje, na verdade foram ensinados por Buda Shakyamuni e fazem parte do budismo, como os Oito Corretos Caminhos, as Seis Perfeições e a Lei de Causa e Efeito, o Vazio, o Carma e a Reencarnação, entre outros.

Convite à Felicidade
7 inspirações do seu anjo interior
IRH Press do Brasil

Este livro convida você a ter uma vida mais autêntica e satisfatória. Em suas páginas, você vai encontrar métodos práticos que o ajudarão a criar novos hábitos e levar uma vida mais despreocupada, completa e espiritualizada. Por meio de 7 inspirações, você será guiado até o anjo que existe em seu interior — a força que o ajuda a obter coragem e inspiração e ser verdadeiro consigo mesmo. Você vai compreender qual é a base necessária para viver com mais confiança, tranquilidade e sabedoria:
- exercícios de meditação, reflexão e concentração respiratória faceis de usar;
- visualizações orientadas para criar uma vida melhor e obter paz em seu coração;

- espaços para você anotar as inspirações recebidas do seu anjo interior;
- dicas para compreender como fazer a contemplação;
- planos de ação simples, explicados passo a passo.

As Chaves da Felicidade
Os 10 Princípios para Manifestar a Sua Natureza Divina
Editora Cultrix

Neste livro, o mestre Okawa mostra de forma simples e prática como podemos desenvolver nossa vida de forma brilhante e feliz neste mundo e no outro. O autor ensina os 10 princípios básicos – Felicidade, Amor, Coração, Iluminação, Desenvolvimento, Conhecimento, Utopia, Salvação, Reflexão e Oração – que servem de bússola para nosso crescimento espiritual e felicidade.

O Ponto de Partida da Felicidade
Um Guia Prático e Intuitivo para Descobrir o Amor, a Sabedoria e a Fé
Editora Cultrix

Neste livro, Okawa ilustra como podemos obter a felicidade e levar a vida com um propósito. Como seres humanos, viemos a este mundo sem nada e sem nada o deixaremos. Podemos nos dedicar à aquisição de propriedades e bens materiais ou buscar o verdadeiro caminho da felicidade – construído com o amor que dá, que acolhe a luz. Okawa nos mostra como alcançar a felicidade e ter uma vida plena de sentido.

Curando a Si Mesmo
A Verdadeira Relação entre Corpo e Espírito
Editora Cultrix

O autor revela as verdadeiras causas das doenças e os remédios para várias delas, que a medicina moderna ainda não consegue curar, oferecendo não apenas conselhos espirituais, mas também de natureza prática. Seguindo os passos aqui sugeridos, sua vida mudará completamente e você descobrirá a verdade sobre a mente e o corpo. Este livro contém revelações sobre o funcionamento da possessão espiritual e como podemos nos livrar dela, além de mostrar os segredos do funcionamento da alma e como o corpo humano está ligado ao plano espiritual.

O Renascimento de Buda
A Sabedoria para Transformar Sua Vida
IRH Press do Brasil

Ao longo dos séculos, milhões de pessoas vêm estudando o budismo, mas sua essência nunca foi pregada de forma tão direta como neste livro. Seu conteúdo, por estar em forma de mensagens faladas, é de fácil compreensão, e suas palavras, profundamente comoventes. Trata-se de uma obra imprescindível aos praticantes do caminho ascético, sejam eles homens ou mulheres. Em alguns trechos, talvez os leitores considerem as palavras muito rigorosas, mas o caminho que lhes é indicado é também bastante rigoroso, pois não há como atingir o pico da montanha da Verdade Búdica portando-se como simples espectador.

RR DONNELLEY

IMPRESSÃO E ACABAMENTO
Av Tucunaré 299 - Tamboré
Cep. 06460.020 - Barueri - SP - Brasil
Tel.: (55-11) 2148 3500 (55-21) 3906 2300
Fax: (55-11) 2148 3701 (55-21) 3906 2324

IMPRESSO EM SISTEMA CTP